LA VIDA TAPA

EL TAPEO ES LIBER TAD

Esto no es un bar de tapas

TICKETS

TICKETS

THIS IS NOT A TAPAS BAR

TAPAS ARE FREE DOM

LA VIDA TAPA

LES TAPES SÓN LLIBER TAT

TICKETS

Tapear es compartir

LA VIDA TAPA

TICKETS

LES TAPES SÓN LLIBER TAT

TAPAS ARE FREE DOM

THIS IS NOT A TAPAS BAR

TICKETS

LA VIDA TAPA

LA VIDA TAPA

Això no és pas un bar de tapes

TICKETS

Esto no es un bar de tapas

EL TAPEO ÉS LIBER TAD

Això no és pas un bar de tapes

LES TAPES SÓN LLIBER TAT

La vida tapa

EL TAPEO ES LIBER TAD

Tapear es compartir

TICKETS

TICKETS

TAPAS ARE FREE DOM

TAPEJAR ÉS COMPARTIR

TICKETS

THIS IS NOT A TAPAS BAR

THIS IS NOT A TAPAS BAR

LES TAPES SÓN LLIBER TAT

TICKETS

TAPEAR ES COMPARTIR

La vida tapa

LA VIDA TAPA

LA VIDA TAPA

Tapas are free dom

TICKETS

LA VIDA TAPA

Això no és pas un bar de tapes

TICKETS

Tapejar és compartir

EL TAPEO ES LIBER TAD

LA VIDA TAPA

TAPAS
LA COCINA DEL TICKETS

Avda. Diagonal, 189 - 08018 Barcelona
www.rbalibros.com

Primera edición: noviembre de 2013
Séptima edición: mayo de 2018

Coordinación gastronómica:
Miguel Estrada Domínguez
Elaboración de las recetas y de los textos:
Albert Adrià Acosta

Diseño gráfico: Compañía
Realización editorial: Bonalletra

Ref.: RPRA149
ISBN: 978-84-9056-005-1
Depósito legal: B. 23756-2013

Impreso en España - Printed in Spain

ALBERT ADRIÀ

TAPAS

LA COCINA DEL TICKETS

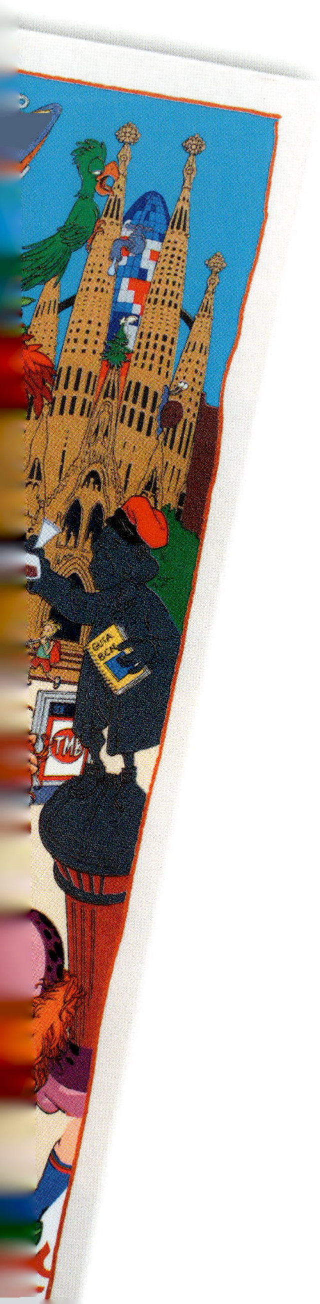

RBA

TICKETS

« Para nosotros "la vida tapa" es un concepto global que une la gastronomía a una forma de entender la vida. Una forma divertida de comer que convierte a quien participa en intérprete de una obra de teatro, de una revista de coristas o de un vodevil circense, en protagonista de un entremés cantado. Una puesta en escena de la vida misma. En "la vida tapa" no hay lugar para el aburrimiento, para la tristeza y la soledad, lo hay para las risas, la complicidad y las buenas compañías. »

ALBERT ADRIÀ

S
TICKETS
TICKETS
LOS CAFES LAVAZZA
COCA COLA
VIDA TAPA
LA VIDA TAPA
LA VIDA TAPA

SUMARIO

TICKETS: TAPAS...

Juan Carlos Iglesias

Albert Adrià

Borja Iglesias

Pedro Iglesias

Ferran Adrià

Y DIVERSIÓN

Quizás alguien pueda pensar que es un poco precipitado escribir un libro sobre un restaurante que apenas tiene tres años. Pero creo que un libro hay que escribirlo cuando se tiene algo que decir. Y tras los intensos primeros tres años de Tickets siento que ahora tengo algo que decir. Reconozco que este libro ha tenido también una motivación egoísta, ya que la preparación de *Tapas* me ha servido como técnica de autoayuda, me ha obligado a hacer un ejercicio de análisis y reflexión sobre mi trabajo. Me he dado cuenta de que me gusta reafirmarme en unos parámetros culinarios que no dejan de evolucionar, tal como lo hago yo mismo.

EN BUSCA DE LA DIVERSIÓN

El origen de la historia de Tickets se remonta a hace cinco años. En aquella época, cada noche, cuando salía del Inopia Clàssic Bar, un bar de tapas tradicionales en Barcelona que codirigí hasta 2009, giraba con el coche por la calle Tamarit y, al romper con Entença, veía día tras día el local de un antiguo concesionario de coches en alquiler. Cada vez que esa esquina me salía al paso, no podía evitar imaginarme las posibilidades que un local de esas características podría ofrecerme, sobre todo porque uno de los problemas del Inopia era la limitación del espacio. Pero, por otro lado, no tenía intención de volver a montar un negocio: sabía que el cierre de elBulli estaba próximo, mi disolución como socio del Inopia también y pensé que era el momento de regalarme unas merecidas vacaciones después de veintitrés años de trabajo ininterrumpido.

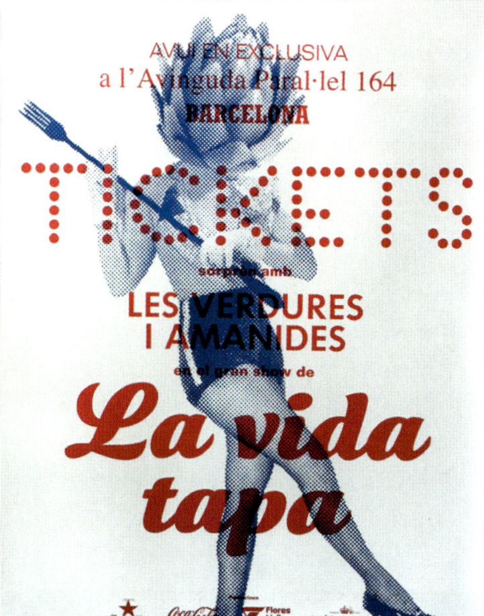

Todo cambió el 2 de febrero de 2010. Estábamos celebrando en familia el tercer aniversario de mi hijo Àlex en el restaurante Rías de Galicia, uno de los preferidos de nuestra agenda gastronómica. Poco antes del pastel, Juan Carlos Iglesias, el primogénito de la familia propietaria del establecimiento, nos comentó de manera jovial que ¡mi local!, el espacio con el que soñaba todas las noches, estaba a tiro y que, si nosotros jugábamos, ellos también se animaban. Dicho y hecho, creamos una sociedad entre los tres hermanos Iglesias, Ferran y yo y nos pusimos manos a la obra en la concepción de un bar de tapas, entonces todavía sin nombre…

CREANDO EL CONCEPTO GASTRONÓMICO

Antes de la apertura creamos dos talleres de trabajo para Tickets, uno en elBulli, formado por mi hermano Ferran, Oriol Castro y Eduard Xatruch, y otro en el taller que tenemos en la calle Portaferrissa de Barcelona, con Andrés Conde, Miguel Estrada y yo mismo. Después de dos meses de trabajo por separado, nos reunimos en elBulli para buscar consensos y dos semanas más tarde preparamos en el taller una comida para los hermanos Iglesias y Adrià, donde servimos cerca de cuarenta platos. De ahí surgió la primera carta del Tickets que ya señalaba una dirección clara: por un lado, un acercamiento a elBulli, con las olivas y los *airgbags*, nuestros característicos panecillos inflados; por otro lado, ya se intuía algo de un nuevo lenguaje gastronómico con las ostras, la sanfaina de bacalao o la ensalada de naranja y olivas.

A pesar de que tenía claro que no quería aprovechar referencias directas de nuestro trabajo anterior, al principio no tuve más remedio. Quería remover mis recuerdos de la manera más primitiva e instintiva. Después de todo, lo más importante era la línea argumental, el estilo, y establecer el baremo que marcaba dónde estaba el límite: de entre los platos de la primera carta, el tartar de ventresca de atún con jugo de piparra y merengue de manzana podía ser ese tope y, justo en el otro extremo, se encontraban las costillitas de conejo con alioli, una fórmula que arrastraba de Inopia y que utilicé como recurso.

UN BULLI DE BARRIO

Ni siquiera habíamos abierto Tickets, nos encontrábamos en la fase de pruebas, cuando un cliente alzó la mano, llamando mi atención. Al llegar a su mesa me dijo: «¡Oye, Albert, qué divertido! ¡Parece un Bulli de barrio!». Al poco tiempo, otra clienta abrió la carta y me preguntó: «Oiga, ¿aquí qué tienen de elBulli? Porque yo no he ido nunca, ¿sabe?». Este preludio me apuntó hacia donde debía encarar finalmente la propuesta de Tickets, que ya se alejaba del concepto de «bar» que teníamos en un inicio (incluso habíamos registrado la marca ticketsbar.es, pero el camino ya era otro). Las siguientes semanas fueron muy intensas: empezamos a buscar nuestra identidad con dos premisas muy claras: la de **divertir** (nos dicen continuamente que lo conseguimos), y la de **cuidar el contacto** con los clientes (¡es tan directo!, trabajamos y nos movemos entre ellos). En definitiva, son ellos quienes nos han guiado de forma instintiva y efectiva hacia el estilo deseado.

Hoy tenemos un equipo totalmente formado y motivado, cuya fuerza no para de crecer. Gracias a su energía hemos podido realizar cerca de 250 recetas, que no incluyen el excelente trabajo que hemos desarrollado con los platos dulces, un esfuerzo que espero sea recompensado con otro libro. Pero esto ya es un capítulo aparte.

Pasen, vean y disfruten…

Albert Adrià

EL PICOTEO

LAS ACEITUNAS DEL TICKETS, VARIEDAD VERDIAL

X 4

1 Para el jugo de aceituna
450 g de aceituna verdial con hueso

2 Para la base de aceitunas esféricas
200 g de jugo de aceitunas verdial *(ver punto 1)*
1,2 g de sal de calcio (Calcic)
0,7 g de xantana

3 Para el aceite de oliva aromatizado
20 g de ajo
400 g de aceite de oliva virgen
¼ manojo de tomillo
¼ manojo de romero
1 limón
1 naranja
2,5 g de pimienta negra en grano

4 Para la base de alginato
500 g de agua mineral
2,5 g de alginato (Algin)

5 Para las aceitunas verdial
c. s. de base de alginato *(ver punto 4)*
c. s. de base de aceitunas esféricas *(ver punto 2)*
c. s. de aceite de oliva aromatizado *(ver punto 3)*
c. s. de agua mineral

❶ Para el jugo de aceituna verdial

Ver página siguiente.

❷ Para la base de aceitunas esféricas

Juntar el jugo de aceituna con Calcic y triturar con una batidora para disolverlo.
Añadir xantana y volver a triturar hasta que no queden grumos.
Dejar reposar la mezcla en el frigorífico durante 24 h para que pierda el aire. Si se quiere hacer el proceso más rápido, se puede utilizar una máquina de vacío.
Colar la mezcla. Guardar en un recipiente y refrigerar.

❸ Para el aceite de oliva aromatizado

Abrir la cabeza de ajo para obtener los dientes enteros y con piel.
Echarlos sin pelar en una cazuela con 100 g del aceite de oliva virgen y confitarlos a unos 70 ºC durante 1 h.
Dejar enfriar a temperatura ambiente.
Añadir el resto de aceite, el tomillo, el romero, las pieles de naranja y limón y la pimienta negra. Reservar.

❹ Para la base de alginato

Mezclar con una batidora el agua con el alginato hasta que esté totalmente disuelto y colar.
Dejar reposar en un recipiente durante 24 h en el frigorífico para que pierda el aire acumulado o acelerar el proceso en una máquina de vacío.
Conservar refrigerado.

❺ Para las aceitunas verdial

Disponer la base de alginato en un recipiente que nos permita obtener una altura de unos 5 cm.
Llenar totalmente una cuchara esférica de 5 ml con la base de aceitunas esféricas y verter la mezcla en la base de alginato para obtener la forma de aceituna.
Dejar cocer dentro de la base de alginato durante 1 min.
Retirar la oliva con una cuchara de agujeros y lavarla en agua.
Disponer las aceitunas en un recipiente con el aceite de oliva aromatizado.
Guardar en el frigorífico.

Acabado y presentación

Rellenar cada bote con aceite aromatizado hasta una altura de 4 cm.
Poner en cada uno 6 aceitunas esféricas con la ayuda de la cuchara de agujeros.
Servir las aceitunas con una cuchara de agujeros delante del comensal.

CÓMO OBTENER JUGO DE ACEITUNA

Además de para preparar las aceitunas del Tickets, el jugo de la aceituna se puede utilizar como salsa en muchas otras preparaciones, como ensaladas, gelatinas y cócteles.
Si no se dispone de máquina de vacío para preparar esta elaboración, *ver página 170*.

Escurrir las aceitunas del bote y desechar el acompañamiento de pimiento, ajo y especias. 1

Deshuesar las aceitunas. Si se tiene un deshuesador, la operación es más rápida. Desechar los huesos. 2

Triturar la pulpa de las aceitunas con una batidora hasta obtener un puré. 3

Pasar este puré por una estameña (Superbag). Ponerlo en una bolsa de envasar al vacío, extraer el aire y guardar refrigerado. 4

LAS ACEITUNAS DEL TICKETS, VARIEDAD GORDAL

X 4

1 Para el jugo de aceituna
450 g de aceituna gordal con hueso

2 Para la base de aceitunas esféricas
200 g de jugo de aceituna gordal *(ver página 17)*
1,2 g de sal de calcio (Calcic)
0,7 g de xantana

3 Para la base de alginato
500 g de agua mineral
2,5 g de alginato (Algin)

4 Para las aceitunas gordal
c. s. de base de alginato *(ver punto 3)*
c. s. de base de aceitunas esféricas *(ver punto 2)*
c. s. de aceite de oliva 0,4°
c. s. de agua mineral

Acabado y presentación
400 g de aceite de oliva 0,4°
10 g de canela en rama
1 anís estrellado
1 limón

1 Para el jugo de aceituna
Ver página 17.

2 Para la base de aceitunas esféricas
Ver punto 2 de la página 16.

3 Para la base de alginato
Mezclar una batidora el agua y el alginato hasta que esté disuelto y colarlo.
Dejar reposar en un recipiente durante 24 h en el frigorífico para que pierda el aire acumulado o acelerar el proceso en una máquina de vacío.

4 Para las aceitunas gordal
Disponer la base de alginato en un recipiente que nos permita obtener una altura de unos 5 cm.
Llenar totalmente una cuchara esférica de 5 ml con la base de aceitunas esféricas y verter la mezcla en la base de alginato consiguiendo forma de aceituna.
Dejar cocer dentro de la base de alginato durante 1 min.
Con una cuchara de agujeros sacar del alginato y limpiar en agua.
Disponer las aceitunas en un recipiente con el aceite de oliva 0,4°. Guardar en el frigorífico.

Acabado y presentación
Romper las ramas de canela en trocitos de 2 cm. Se necesita 1 trocito por tarro.
Romper el anís estrellado en 4 partes.
Con la ayuda de un pelador, sacar mondas de la parte coloreada de la piel del limón. Necesitamos 1 monda por tarro.
Rellenar cada bote con aceite de oliva 0,4° hasta una altura de 4 cm.
Disponer en cada bote 6 aceitunas esféricas con la ayuda de la cuchara de agujeros.
Poner dentro de cada bote 1 piel de limón, 1 trocito de canela y 1 trocito de anís estrellado.
Servir las aceitunas delante del comensal con una cuchara de agujeros.

SANDÍA IMPREGNADA CON SANGRÍA

X 4

1 Para el almíbar t. p. t.
60 g de azúcar
60 g de agua mineral

2 Para la sangría
110 g de almíbar t. p. t.
(ver punto 1)
240 g de vino tinto
65 g de Grand Marnier
55 g de coñac
40 g de zumo de naranja

3 Para los dados de sandía
2 kg de sandía sin pepitas

4 Para impregnar los dados de sandía
¼ de manojo de menta fresca
1 rama de canela
1 naranja de mesa

Acabado y presentación
1,2 kg de hielo pilé
1 limón
1 naranja
16 germinados de atsina
16 hojas de menta

❶ Para el almíbar t. p. t.
Mezclar en un cazo el agua con el azúcar.
Llevar a ebullición para disolver el azúcar.
Reservar.

❷ Para la sangría
Mezclar todos los ingredientes en frío en un recipiente. Reservar.

❸ Para los dados de sandía
Ver página siguiente.

❹ Para impregnar los dados de sandía
Ver página siguiente.

Acabado y presentación
Abrir la bolsa de vacío y sacar los dados de sandía.
Cortar la piel de naranja de la bolsa en juliana de 1 mm de grosor y romper la rama de canela de la bolsa en trocitos de 8 cm.
Servir la sandía en botellas de cristal cortadas horizontalmente: colocar al fondo una base de hielo y repartir por encima de ella 7 dados de sandía en cada una.
Poner 2 tiras de naranja y 2 trozos de canela encima de los dados.
Rallar piel de naranja y piel de limón por encima de la sandía.
Disponer 4 hojitas de menta y 4 de atsina.

Cortar la sandía en rodajas de 2 cm. Hacer dados de 2 cm desechando los más blandos y las semillas blancas que puedan tener.

1

Hacer dados de 2 cm desechando los más blandos o verdes y las semillas blancas que puedan tener.

2

LA TÉCNICA DE LA IMPREGNACIÓN

Este método consiste en sumergir un alimento en un líquido y someterlo a la acción del vacío. Así se consigue extraer el aire retenido en el interior de los poros del alimento, y cuando el vacío se rompe, esos espacios se rellenan con el líquido en el que se había sumergido el alimento, modificándose de esta manera su color, textura, sabor y aromas originales. Si no se dispone de máquina de vacío, *ver página 170*.

Poner en cada bolsa de vacío 7 dados de sandía, 1 rama de canela, 2 ramas de menta fresca y 2 mondas de la naranja.

3

Rellenar con los mismos ingredientes 3 bolsas más. Añadir la sangría.

4

Poner cada bolsa en la máquina de vacío y aplicarle un 100%.

5

Reservar un mínimo de 2 h en el frigorífico dentro de un recipiente con agua y hielo.

6

LA VIDA

JAMÓN DE TORO

X 4

❶ Para limpiar y cortar la ventresca
1 kg de ventresca de atún
(cantidad mínima para obtener un buen resultado)

❷ Para la grasa de jamón
100 g de grasa de jamón ibérico
20 g de aceite de oliva 0,4°
10 g de agua mineral

❸ Para los piñones troceados
20 g de piñones salvajes sin tostar

Acabado y presentación
16 grisines de pan
c. s. de sal gris de Guérande
c. s. de pimienta negra

❶ Para limpiar y cortar la ventresca

Con un cuchillo bien afilado, quitar la telilla superior de la ventresca y la piel, procurando no cortar la parte de grasa blanca que se encuentra entre la piel y la carne (esta nos dará la apariencia de la grasa del jamón).
Seguidamente, sacar las espinas de la ventresca, repasándola bien con un cuchillo fino, para no desperdiciar carne.
Dividir la ventresca: usar la parte superior en una pieza para esta elaboración de jamón de toro y reservar la inferior para otros platos.
Cuadrar la ventresca de atún en trozos de unos 6 cm de largo y 12 cm de ancho. El largo dependerá de la ventresca. (Esta medida se puede flexibilizar un poco, lo importante es mantener esta media para aprovechar el trozo al máximo).
Cubrir la pieza con papel film y congelar.

❷ Para la grasa de jamón

Pulir los trozos de grasa de jamón de posibles partes rancias y cortar en trozos de 1 cm.
Juntar la grasa de jamón con el aceite de oliva y el agua en un cazo.
Cocer a fuego lento hasta que el agua se haya evaporado por completo y la grasa se haya fundido, sin que llegue a freírse.
Colar y reservar la grasa de jamón en un recipiente y refrigerar.

❸ Para los piñones troceados

Con la ayuda de un cuchillo cortar los piñones en 3 trozos. Reservar.

Acabado y presentación

30 min antes de servir el plato, sacar la grasa de jamón del frigorífico. Con la ayuda de una máquina cortafiambres, cortar el bloque de atún congelado en láminas finas de 0,2 cm de grosor. Ir disponiendo las láminas de atún encima de papel de horno, en línea y ligeramente superpuestas, de modo que quede la parte superior del atún con la grasa visible. La ración son 40 g de ventresca (unas 5 láminas) por persona.
Con la ayuda de un pincel, pintar las láminas con la grasa de jamón.
Poner 4 granos de sal gris en el centro de cada lámina de ventresca.
Por encima de la sal, repartir pimienta negra y unos trocitos de piñón troceado.
Pasar 2 seg por el gratinador para que el jamón de toro pierda el frío y la grasa de jamón sude.
Servir encima de una bandeja y acompañar cada ración con 4 grisines.

LÁMINAS DE VENTRESCA DE ATÚN CON ERIZOS, JENGIBRE Y YUZU

X 4

❶ Para limpiar y cortar la ventresca
1 kg de ventresca de atún
(cantidad mínima para obtener un buen resultado)

❷ Para las tiras de alga nori
1 lámina de alga nori de 20 x 20 cm

❸ Para limpiar las yemas de erizo de mar
400 g de erizos de mar
(40 g de yemas de erizo limpio)
50 g de agua mineral
c. s. de sal fina

❹ Para el jengibre rallado
5 g de jengibre fresco

❺ Para la salsa de soja
100 g de salsa de soja
0,4 g de xantana

❻ Para el wasabi rallado
c. s. de pasta de wasabi rallado

Acabado y presentación
1 yuzu
c. s. de sal fina

❶ Para limpiar y cortar la ventresca
Con un cuchillo bien afilado, quitar la telilla superior de la ventresca y la piel, procurando no cortar la parte de grasa blanca que se encuentra entre la piel y la carne (esta nos dará la apariencia de la grasa del jamón).
Seguidamente, sacar las espinas de la ventresca, repasándola bien con un cuchillo fino, para no desperdiciar carne.
Dividir la ventresca: usar la parte superior en una pieza para esta elaboración y reservar la inferior para otras elaboraciones.
Cuadrar la ventresca en trozos de unos 6 cm de largo y 12 cm de ancho. El largo dependerá de la ventresca.
(Esta medida se puede flexibilizar un poco, lo importante es mantener esta media para aprovechar el trozo al máximo).
Cubrir la pieza con papel film y congelar.

❷ Para las tiras de alga nori
Cortar el alga nori en tiras finas de 2 mm de ancho por 3 cm de largo con la ayuda de una guillotina o cuchillo y reservar en un recipiente.

❸ Para limpiar las yemas de erizo de mar
Abrir los erizos por la base con la ayuda de unas tijeras haciendo un círculo de 2 cm de diámetro.
Sacar las yemas del interior de los erizos y pasar una por una por un baño de agua y sal para quitar las impurezas.
Secar sobre papel de cocina y colocarlas en un recipiente en el frigorífico.

❹ Para el jengibre rallado
Pelar el jengibre con ayuda de un pelador.
Rallar y guardar en un vasito cubierto con un papel de cocina húmedo en el frigorífico.

❺ Para la salsa de soja
Mezclar la mitad de la salsa de soja con la xantana.
Extraer el aire en la máquina de vacío y añadir el resto de la salsa de soja. Reservar en el frigorífico.
Si no se dispone de máquina de vacío, *ver página 170*.

❻ Para el wasabi rallado
Poner el wasabi rallado dentro de una manga pastelera y reservar.

Acabado y presentación

Con la máquina cortafiambres, cortar el bloque de atún congelado en láminas finas de 2 mm de grosor.

Disponer separadas 4 láminas de atún encima de un papel de horno.

Sazonar con sal, rallar el yuzu con un rallador (tipo Microplane) por encima de la ventresca de atún y poner en la parte superior izquierda de cada lámina un punto de jengibre rallado.

En el centro de cada lámina, colocar 2 yemas de erizo y salar.

Poner en cada esquina de la lámina un punto de salsa de soja.

Justo antes de servir colocar encima de las yemas de erizo una pizca de wasabi rallado y 4 tiras de alga nori.

AIRBAGUETTE DE JAMÓN IBÉRICO

X 4

1 Para la masa de airbaguette
340 g de harina floja
12 g de levadura fresca prensada
200 g de leche entera
4 g de sal fina

2 Para las airbaguettes
300 g de masa de airbaguette *(ver punto 1)*
c. s. de harina floja

3 Para la grasa de jamón
50 g de grasa de jamón
10 g de aceite de oliva 0,4º
5 g de agua mineral

4 Para las láminas de jamón
500 g de jamón ibérico entero y deshuesado (Joselito)

1 Para la masa de airbaguette

Verter la harina y la levadura desmenuzada en la máquina amasadora o en un robot de cocina y poner en marcha a velocidad mínima.
Añadir la leche poco a poco y mezclar durante 6 min.
Añadir la sal y mezclar durante 6 min más, hasta que quede bien amasada.
Guardar la masa bien cubierta en un recipiente en el frigorífico durante 24 h.

2 Para las airbaguettes

Hacer porciones de masa de unos 75 g e ir estirando en láminas en la máquina de pasta hasta conseguir un grosor de aproximadamente 2 mm.
Disponerlas sobre papel de horno.
Cortar la masa con la ayuda de un molde de acero inoxidable en forma de baguette e ir disponiéndola en una bandeja cubierta con papel de horno.
Hornear a 240 ºC (si es un horno de vapor, al 40% de humedad), sobre una placa de hierro directo, hasta que las airbaguettes estén hinchadas y doradas uniformemente, dando la vuelta a media cocción para que estén doradas por todos los lados.
Dejar enfriar a temperatura ambiente y guardar en un recipiente.

3 Para la grasa de jamón

Pulir los trozos de grasa de posibles partes rancias y cortarlos en trozos de 1 cm.
Juntar la grasa de jamón pulida y cortada con el aceite de oliva y el agua en un cazo.
Cocer a fuego lento hasta que el agua se haya evaporado por completo y la grasa se haya fundido, sin que llegue a freírse.
Colar la grasa de jamón ibérico en un recipiente y refrigerar.

4 Para las láminas de jamón

Mantener el jamón en el frigorífico durante 24 h.
Realizar tacos de 9 cm de largo por 4 cm de ancho que contengan parte de grasa y parte de carne tierna. Laminarlos finamente.
Cortar 4 hojas de papel de horno a 12 x 8 cm. Pintarlas ligeramente con grasa de jamón.
Disponer en cada papel 3 láminas de jamón con la grasa hacia la izquierda empezando de derecha a izquierda.
Pintar las láminas con grasa de jamón y taparlas con otra hoja de papel. Reservar refrigerado.

Acabado y presentación
Colocar el jamón extendido horizontalmente.
Poner la airbaguette en el centro del jamón y con ayuda de una espátula envolverla con el jamón de manera que quede bien pegado.
Pintar la airbaguette con la grasa de jamón.

BUÑUELOS DE BACALAO CON PEREJIL EN POLVO

X 4

1 Para la tempura de los buñuelos de bacalao
130 g de agua mineral
10 g de levadura fresca prensada
110 g de harina floja
10 g de Trisol
3 g de sal fina
3 g de azúcar blanquilla

2 Para el perejil en polvo
50 g de perejil

3 Para el aceite de ajo
50 g de aceite de oliva 0,4°
15 g de ajo

4 Para la masa de buñuelos de bacalao
250 g de cola de bacalao desalada
1 kg de agua mineral
200 g de patata monalisa
45 g de aceite de ajo *(ver punto 3)*
30 g de yema de huevo pasteurizada
30 g de nata líquida 35% m. g.
10 g de ajo
c. s. de sal y pimienta

5 Para las semiesferas de masa de buñuelos de bacalao
240 g de masa de buñuelos de bacalao *(ver punto 4)*
50 g de cola de bacalao desalada
16 piñones del país crudos y pelados

Acabado y presentación
100 g de harina floja
500 g de aceite de oliva 0,4°

❶ Para la tempura de los buñuelos de bacalao

Entibiar la mitad del agua sin que llegue a 40 ºC y mezclar con la levadura.

Añadir la harina, el Trisol y el resto del agua y mezclar poco a poco con ayuda de unas barillas hasta que no queden grumos.

Por último añadir la sal y el azúcar y mezclar.

Poner papel film, tocando la masa, y dejar fermentar en el frigorífico durante 12 h.

❷ Para el perejil en polvo

Deshojar el perejil y repartir sobre una bandeja forrada con papel de horno.

Poner a secar en la deshidratadora a 45 ºC durante 24 h. También se puede realizar la operación en un horno.

Triturar con el molinillo hasta conseguir 10 g de perejil en polvo. Reservar en un recipiente.

❸ Para el aceite de ajo

Machacar los ajos enteros y con piel para que suelten el sabor.

Poner el aceite y el ajo a fuego suave en una sartén y dejar confitar durante 10 min hasta que el ajo esté blando.

Dejar enfriar a temperatura ambiente y colar.

Reservar.

❹ Para la masa de buñuelos de bacalao

Quitar con unas pinzas las espinas de la cola de bacalao.

Poner al fuego en un cazo el agua, la patata y el ajo, ambos con la piel, y cocinar hasta que la patata esté tierna.

Retirar la patata y el ajo del agua y fuera del fuego poner las colas de bacalao en el agua.

Dejar durante 8 min dentro del agua caliente moviendo de vez en cuando para que se cocinen por todos lados.

Pelar las patatas y los ajos aún calientes y poner en el robot de cocina junto con las colas de bacalao y la nata. Triturar a velocidad 6 durante 1 min.

Poner a velocidad 3 el robot de cocina y añadir la yema de huevo. Mezclar bien e ir añadiendo en forma de hilo el aceite de ajo.

Rectificar de sal y pimienta, envolver en papel film y reservar en un recipiente, dejando enfriar a temperatura ambiente.

❺ Para las semiesferas de masa de buñuelos de bacalao

Cortar la cola de bacalao en 16 dados de 5 x 5 mm.

Trabajar la masa de buñuelos con una espátula y poner dentro de una manga pastelera.

Para formar los buñuelos de bacalao, *ver página siguiente*.

Acabado y presentación

Una vez fritos los buñuelos, escurrir sobre papel absorbente y espolvorear con el perejil en polvo.

Emplatar 3 o 4 unidades por ración.

UNOS BUÑUELOS DE BACALAO PERFECTOS

Este sencillo truco permite obtener unos buñuelos regulares tanto en su forma como en su textura. Una tapa de contrastes, por la cremosidad de su interior de bacalao y la crujiente tempura exterior.

Rellenar hasta la mitad con la masa de buñuelo de bacalao un molde de silicona de 24 semiesferas de 3 cm de diámetro por 2 cm de profundidad. 1

Disponer encima un piñón y un dado de bacalao y cubrir de nuevo con la masa. Se obtienen 16 semiesferas de 18 g cada una. Cubrir con papel film y congelar durante 12 h. 2

Sacar de los moldes aún congelados y guardar en un recipiente. Reservar en el frigorífico durante 2 h. 3

Pasar las bolas de masa por la harina y bañar en la tempura. Sacar los buñuelos con un tenedor, escurrir ligeramente y freírlos en el aceite a 190 ºC, dando vueltas hasta que estén dorados. 4

MINIAIRBAGS RELLENOS DE QUESO MANCHEGO

X 4

1 Para la masa de miniairbag
340 g de harina floja
12 g de levadura fresca prensada
200 g de leche entera
4 g de sal fina

2 Para los miniairbags
c. s. de masa de miniairbag *(ver punto 1)*

3 Para agujerear los miniairbags
25 miniairbags *(ver punto 2)*

4 Para la espuma de queso
100 g de queso manchego
500 g de nata 35% m. g.
2 g de sal fina

5 Para las láminas de queso
c. s. de queso manchego

Acabado y presentación
30 g de caviar de aceite de avellana (Caviaroli)
c. s. de piel de avellana tostada
c. s. de sal gruesa
c. s. de tomillo limonero

1 Para la masa de miniairbag
Verter la harina y la levadura desmenuzada en una máquina amasadora o robot de cocina con el gancho y poner en marcha a velocidad mínima.
Añadir la leche poco a poco y mezclar durante 6 min.
Añadir la sal y mezclar durante 6 min más, hasta que quede bien amasada.
Guardar la masa bien cubierta en un recipiente en el frigorífico durante 24 h.

2 Para los miniairbags
Ver página siguiente, del punto 1 al 5.

3 Para agujerear los miniairbags
Ver página siguiente, punto 6.

4 Para la espuma de queso
Retirar la corteza al queso y cortarlo en trozos pequeños de 5 mm.
Calentar la nata, y cuando esté a punto de hervir, batirla junto con el queso en una batidora hasta obtener una crema fina.
Salar al punto, colar e introducir en un sifón de medio litro. Cerrar y cargar con dos cargas de N^2O.
Enfriar en el frigorífico durante 2 h.

5 Para las láminas de queso
Con un pelador hacer 25 láminas finas de queso de 1 mm de grosor y de 3 x 3 cm de ancho.
Poner encima de papel de horno y guardar en un recipiente en el frigorífico.

Acabado y presentación
Poner sal gruesa sobre el plato para sujetar los miniairbags.
Rellenar cada miniairbag con la espuma de queso.
Cubrir los miniairbags con una lámina de queso.
Repartir encima de cada lámina de queso el caviar de aceite de avellana, la piel de avellana y un brote de tomillo limonero. Emplatar y servir.

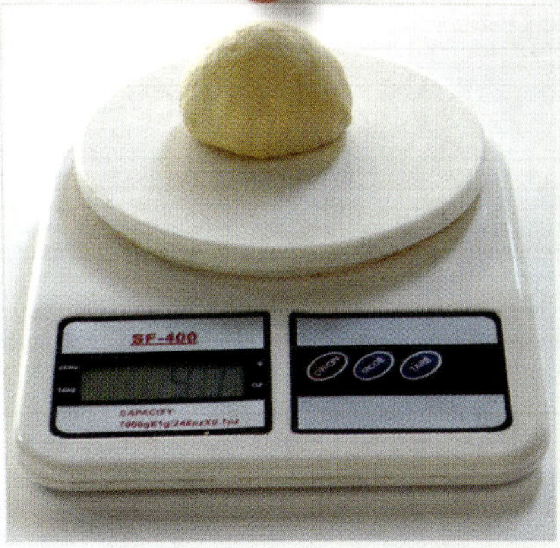

Hacer porciones de masa de unos 90 g.

1

Estirar la masa en la máquina de pasta hasta conseguir láminas de aproximadamente 2 mm de grosor. Disponerlas sobre papel de horno.

2

LA RECETA DE LOS MINIAIRBAGS

Esta receta era una de las más características de elBulli y lo es ahora también del Tickets. Este espectacular pan procede de una fórmula tradicional italiana. El resultado es un pan muy ligero, vacío en su interior.

Cortar la masa con la ayuda de un molde circular de 4,5 cm de diámetro, e ir disponiendo la masa cortada en una bandeja de horno cubierta con papel de horno.

3

Hornear a 240 ºC (si es un horno de vapor, al 40% de humedad), sobre placa de hierro directo, hasta que estén hinchadas y doradas uniformemente.

4

Dejar enfriar los miniairbags a temperatura ambiente.

5

Con la ayuda de un taladro de broca fina agujerear los airbags consiguiendo un orificio circular en la parte superior de 0,5 cm de diámetro. Guardar los airbags agujereados en un recipiente.

6

NIDO DE HUEVOS DE CODORNIZ 1'40" CON MIGAS DE MOJO ROJO

X 4

1 Para el mojo rojo
50 g pimienta roja canaria
(o pulpa de ñoras)
12 g de vinagre de vino blanco
6 g de ajo
2 g de pimienta negra en grano
2 g de comino seco
2 g de sal fina
100 g de aceite de oliva 0,4°

2 Para las migas gruesas
40 g de queso de oveja poco curado
200 g de pan rallado japonés (Panko)
140 g de mojo rojo *(ver punto 1)*
4 g de sal fina

3 Para cocer los huevos
16 huevos de codorniz
200 g de agua mineral
6 g de vinagre de vino blanco
3 g de sal fina
c. s. de aceite de oliva 0,4°
(o aceite de mojo rojo, *ver punto 1*)

4 Para las migas finas
25 g de queso de oveja poco curado
100 g de pan rallado
60 g de mojo rojo
(ver punto 1)
4 g de sal fina

Acabado y presentación
c. s. de sal gris

❶ Para el mojo rojo

Triturar todos los ingredientes hasta conseguir una mezcla bien fina.
Dejar decantar a temperatura ambiente durante 3 h y retirar el aceite de la parte superior.
Reservar también el aceite del mojo, por separado, en el frigorífico.

❷ Para las migas gruesas

Rallar el queso con un rallador.
Mezclar a mano el queso con el resto de ingredientes consiguiendo una mezcla bien homogénea pero permitiendo que el pan rallado japonés conserve su textura.
Cocer en el horno durante 15 min a 150 ºC e ir girando cada 5 min para que se dore por todos lados.
Dejar enfriar a temperatura ambiente y guardar en un recipiente.

❸ Para cocer los huevos

Ver página siguiente.

❹ Para las migas finas

Rallar el queso con el rallador.
Mezclar todos los ingredientes.
Cocer en el horno durante 15 min a 150 ºC e ir moviendo cada 5 min para que se dore por todos lados.
Dejar enfriar a temperatura ambiente y guardar en un recipiente.

Acabado y presentación

Disponer en la base del plato 20 g de migas gruesas de mojo rojo bien extendidas.
Escurrir 4 huevos del aceite y rebozarlos con la mezcla de migas finas, hasta que queden completamente empanados.
Disponer los 4 huevos encima de la miga gruesa.
Al lado de los huevos poner un poco de sal gris para que cada comensal se lo sazone al gusto.

Mezclar el agua con la sal y el vinagre, y llevar a ebullición.

1

Cuando hierva el agua, añadir los huevos y cocer durante 1 min y 40 seg.

2

LA COCCIÓN DE LOS HUEVOS DE CODORNIZ

Los huevos de codorniz son un excelente soporte para extraer el máximo sabor de las migas gruesas de mojo rojo de esta receta. Combinados con el queso, recuerdan al sabor del almogrote, un paté a base de queso típico de la isla canaria de La Gomera, ligeramente picante.

Escurrir y enfriar rápidamente en agua con hielo.

3

Una vez fríos, pelarlos procurando no romperlos.

4

Pasar por agua y secar para eliminar restos de cáscara.

5

Guardarlos cubriéndolos con aceite suave. También se pueden reservar en el aceite de mojo rojo del punto 1 de la página anterior.

6

CODIUM EN TEMPURA CON SU VINAGRETA

X 4

1 Para lavar el alga codium
200 g de alga codium
500 g de agua mineral
c. s. de hielo

2 Para el jugo de alga codium
100 g de alga codium *(de lo no escogido anteriormente)*
100 g de agua mineral
c. s. de sal
c. s. de hielo

3 Para la vinagreta de alga codium
100 g de jugo de codium *(ver punto 2)*
0,2 g de xantana
5 g de zumo de limón

4 Para la mezcla de harinas
200 g de harina (Las Panaeras)
80 g de harina floja
80 g de Trisol

5 Para la tempura
80 g de harina fuerte
30 g de Trisol
130 g de agua mineral

6 Para los cristales de salsa de soja
325 g de agua mineral
125 g de salsa de soja
20 g de azúcar
7 g de hondashi
7 g de xantana
5 g de kombu

7 Para el mix japonés
5 g de sal de shiso rojo
10 g de cristales de salsa de soja *(ver punto 6)*
5 g de hondashi
c. s. de sal fina
30 g de láminas de alga nori de 20 x 20 cm

Acabado y presentación
200 g de aceite de oliva

1 Para lavar el alga codium
Lavar en agua con hielo las algas para que suelten toda la arenilla. Escurrirlas y cortarlas a un tamaño de 5 cm de largo y que al menos tenga 3 ramificaciones. Racionar en cuatro vasitos a 25 g por ración y reservar las menos firmes y menos brillantes para el punto 2.

2 Para el jugo de alga codium
Poner agua con sal a hervir (36 g de sal por litro de agua) y escaldar el alga durante 10 seg. Refrescar el alga en agua salada con hielo (15 g de sal por litro). Triturar el codium en la misma cantidad de agua de refrescar. Pasar el jugo obtenido por un colador grueso.

3 Para la vinagreta de alga codium
Separar la mitad de jugo de codium en un vaso y añadirle la xantana con la batidora. Extraer el aire en la máquina de vacío (o *ver página 170*) y añadir el resto de jugo. Reservar en el frigorífico. En el momento de servirla añadir el zumo de limón, ya que tiende a oxidarse.

4 Para la mezcla de harinas
Mezclar todo y reservar.

5 Para la tempura
Mezclar el agua bien fría con el resto de ingredientes sin que salgan grumos y reservar en el frigorífico.

❻ **Para los cristales de salsa de soja**
Ver página 95.

❼ **Para el mix japonés**
Secar el alga nori en el horno a 120 ºC durante 20 min y después 2 min a 180 ºC.
Sin que se enfríe el alga nori, triturar todos los ingredientes en un molinillo de café hasta obtener un polvo fino. Guardar en un recipiente.

Acabado y presentación
Pasar el codium por la mezcla de harinas. Poner a calentar en una sartén el aceite a 165 ºC. Sumergir el codium en la tempura, escurrir el exceso de masa e ir añadiendo uno a uno en el aceite caliente.
Sacar del aceite a medida que toma color, colocarlo sobre papel de cocina y secar bien sin romper. Espolvorear con el mix japonés. Acompañar cada ración con 20 g de vinagreta servida en una pipeta.

LAS OSTRAS

OSTRA CON SU PERLA Y AGUA DE LECHUGA DE MAR

X 4

1 Para preparar las ostras
4 ostras
300 g de hielo escamado
1 kg de agua mineral
36 g de sal gruesa

2 Para el agua ahumada de lechuga de mar
500 g de agua mineral
5 g de sal fina
0,5 g de hondashi
5 g de lechuga de mar

3 Para la base de alginato
350 g de agua mineral
2 g de alginato (Algin)

4 Para la base de la perla esférica
160 g de agua ahumada de lechuga de mar *(ver punto 2)*
25 g de agua mineral
2 g de zumo de limón
5 g de gluconolactato cálcico (Gluco)
1,3 g de plata en polvo
2 g de sal fina
0,6 g de xantana

5 Para las perlas esféricas
c. s. de base de alginato *(ver punto 3)*
c. s. de base de la perla esférica *(ver punto 4)*
200 g de agua mineral
85 g de agua ahumada de lechuga de mar *(ver punto 2)*

6 Para las tiras de lechuga de mar
2 láminas de lechuga de mar hidratada *(ver punto 2)*
20 g de agua ahumada de lechuga de mar *(ver punto 2)*

Acabado y presentación
c. s. de sal gruesa
3 algas para decorar

❶ Para preparar las ostras
Ver página siguiente.

❷ Para el agua ahumada de lechuga de mar
Mezclar el agua, la sal y el hondashi en un cazo y llevar a ebullición. Retirar del fuego y mezclar con la lechuga de mar en un recipiente. Cubrir con film. Encender un ahumador de cocina con sarmiento e introducir la boquilla dentro del film durante 3 min. Retirar la boquilla y dejar ahumar 10 min más. Reservar en un recipiente.

❸ Para la base de alginato
Triturar con la ayuda de una batidora el agua con el alginato hasta que esté totalmente disuelto.
Dejar reposar en un recipiente durante 2 h en el frigorífico para que pierda el aire acumulado.

❹ Para la base de la perla esférica
Juntar todos los líquidos y triturar con la batidora añadiendo poco a poco el Gluco, la plata en polvo, la sal y la xantana.
Quitar el aire en la máquina de vacío y guardar en el frigorífico en un recipiente.
Si no se dispone de máquina de vacío, *ver página 170.*

❺ Para las perlas esféricas
Llenar totalmente una cuchara semiesférica de 2,5 ml de capacidad con la base de perla esférica e introducir en el baño de alginato formando bolas con aspecto de perla (1 perla por persona).
Cocer dentro de la base durante 1 min. Escurrir del alginato y limpiar en agua. Escurrir de nuevo y guardar en el agua ahumada de lechuga de mar. Guardar en el frigorífico.

❻ Para las tiras de lechuga de mar
Estirar la lechuga de mar y cortar en 16 tiras de 1 por 20 mm. Reservar las tiras en una fiambrera cubiertas con el agua ahumada de lechuga de mar.

Acabado y presentación
Disponer en la base del plato sal gruesa y 3 algas como decoración. Poner encima la ostra sin la concha superior.
Aliñar la ostra con media cucharada de agua de lechuga de mar y 4 tiras de lechuga de mar alrededor de la ostra. Colocar encima de ella una perla y ya se puede servir el plato.

Preparar 2 baños de agua salada helada.

1

Abrir la ostra por la unión de las cáscaras.

2

LA LIMPIEZA DE LAS OSTRAS

Este procedimiento resulta imprescindible para eliminar las impurezas de las ostras. De este modo, aparecerán frescas y tersas en cualquier plato.

Separar la ostra del músculo abductor.

3

Lavar la cáscara en uno de los recipientes para eliminar impurezas.

4

Lavar la ostra en el otro recipiente para eliminar impurezas y devolver su tersura.

5

Volver a montar la ostra y ya está lista para servir.

6

OSTRA CON VINAGRE DE JEREZ AL ESTRAGÓN Y CAVIAR DE ACEITE DE OLIVA VIRGEN

X 4

❶ Para preparar las ostras
4 ostras
300 g de hielo escamado
1 kg de agua mineral
36 g de sal gruesa

❷ Para el vinagre de jerez al estragón
60 g de vinagre de jerez
40 g de agua mineral
10 g de estragón fresco
2 g de estragón fresco picado
0,1 g de xantana

❸ Para escurrir el caviar de aceite
c. s. de caviar de aceite de oliva virgen (Caviaroli)

Acabado y presentación
c. s. de sal gruesa
3 algas para decorar

❶ Para preparar las ostras
Ver página 49.

❷ Para el vinagre de jerez al estragón
Mezclar el vinagre con el agua en un cazo y poner a hervir.
Retirar del fuego, añadir el estragón sin picar y reservar tapado para que infusione durante 10 min.
Transcurrido el tiempo, sacar el estragón y espesar con la xantana.
Extraer el aire en la máquina de vacío. Si no se dispone de máquina de vacío, *ver página 170*.
Antes de servir el plato, añadir el estragón picado.

❸ Para escurrir el caviar de aceite
Escurrir con un colador y guardar el caviar en un recipiente.

Acabado y presentación
Disponer en la base del plato sal gruesa y 3 algas como decoración.
Poner encima la ostra sin la concha superior.
Encima de cada ostra, poner una cucharadita de vinagre de jerez al estragón.
Terminar disponiendo un montoncito de caviar de aceite sobre la ostra.

OSTRA CON SALSA PONZU Y HUEVAS DE SALMÓN

X 4

1 Para preparar las ostras
4 ostras
300 g de hielo escamado
1 kg de agua mineral
36 g de sal gruesa

2 Para limpiar las huevas de salmón
20 g de vodka
100 g de agua mineral
30 g de huevas de salmón

3 Para la salsa ponzu
25 g de ajo
20 g de jengibre
350 g de agua mineral
100 g de salsa de soja
50 g de zumo de limón
35 g de mirin
5 g de hondashi

Acabado y presentación
1 limón
3 algas para decorar
c. s. de sal gruesa

1 Para preparar las ostras
Ver página 49.

2 Para limpiar las huevas de salmón
Mezclar el vodka con el agua. Sumergir las huevas en la mezcla con ayuda de una cuchara de agujeros haciendo movimientos circulares.
Escurrir y reservar en un recipiente en el frigorífico.

3 Para la salsa ponzu
Machacar el ajo con piel y laminar el jengibre.
Mezclar estos dos ingredientes con todos los líquidos y el hondashi.
Dejar reposar 24 h todo junto y colar. Reservar refrigerado.

Acabado y presentación
Disponer en la base del plato sal gruesa y 3 algas como decoración.
Napar la ostra con la salsa de ponzu y disponer unas huevas de salmón encima.
Rallar piel de limón sobre la ostra y servir.

SUQUET DE OSTRA

X 4

❶ Para preparar las ostras
4 ostras
300 g de hielo escamado
1 kg de agua mineral
36 g de sal gruesa

❷ Para la salsa marinera atomatada
10 g de aceite de oliva 0,4°
5 g de ajo
20 g de vino blanco
80 g de tomate triturado
c. s. de pimentón dulce
2 hojas de laurel
c. s. de sal fina

❸ Para el caldo de pescado
250 g de espinas de pescado
400 g de agua mineral
c. s. de sal fina

❹ Para el suquet
5 g de ajo
25 g de aceite de oliva 0,4°
1 g de pimentón
125 g de salsa marinera atomatada *(ver punto 2)*
125 g de tomate pelado y sin pepitas
275 g de caldo de pescado *(ver punto 3)*
100 g de patata monalisa pelada y cachelada
c. s. de sal fina

Acabado y presentación
c. s. de sal gruesa
3 algas para decorar
5 g de perejil picado

❶ Para preparar las ostras
Ver página 49.

❷ Para la salsa marinera atomatada
Calentar el aceite en una sartén a fuego suave y sofreír el ajo sin que llegue a coger color.
Añadir el vino blanco y dejar evaporar a la mitad.
Echar el tomate triturado, el pimentón y el laurel y cocer durante 15 min más.
Rectificar de sal y reservar.

❸ Para el caldo de pescado
Poner las espinas de pescado, el agua y la sal en una olla a fuego lento. Cuando empiece a hervir, dejar 20 min y retirar.
Pasar por la estameña y reservar.

❹ Para el suquet
Poner el ajo con el aceite en una sartén al fuego y dorarlo hasta que esté prácticamente quemado.
Retirar el ajo y reservar el aceite.
Dejar enfriar ligeramente, añadir el pimentón y sofreír sin que se queme.
Agregar la salsa marinera y el tomate cortado a dados y dejar cocinar durante 5 min.
Añadir el caldo de pescado y dejar hervir, echar la patata y cocinar durante 30 min.
Cuando esté cocida la patata, retirarla (no se utilizará en esta receta). Rectificar de sal y reservar.

Acabado y presentación
Disponer en la base del plato sal gruesa y 3 algas como decoración.
Para calentar la ostra, *ver página 59.*
Una vez cubierta la ostra con el suquet, añadir el perejil picado.
Servir a continuación.

OSTRA TIBIA EN ESCABECHE

X 4

❶ Para preparar las ostras
4 ostras
300 g de hielo escamado
1 kg de agua mineral
36 g de sal gruesa

❷ Para el escabeche
15 g de ajo
15 g de chalota
15 g de zanahoria
120 g de aceite de oliva 0,4°
0,8 g de pimienta negra
en grano
2 g de romero
1,5 g de tomillo
1/2 hoja de laurel
5 g de sal
30 g de vino blanco
35 g de vinagre de vino blanco

Acabado y presentación
3 algas para decorar
c. s. de sal gruesa

❶ Para preparar las ostras
Ver página 49.

❷ Para el escabeche
Pelar y cortar el ajo en láminas finas.
Pelar y cortar la chalota en láminas de 2 mm de grosor.
Pelar y cortar la zanahoria en láminas de 1 mm de grosor.
En un cazo, poner el aceite con el ajo laminado y calentar hasta que el ajo empiece a cocerse.
Seguidamente, añadir la chalota, las hierbas aromáticas, la sal, la pimienta y la zanahoria.
Añadir el vino blanco y cocer durante 2 min.
Añadir el vinagre, levantar el hervor y retirar del fuego.
Guardar el escabeche en el frigorífico. Este escabeche se puede emplear para otras muchas elaboraciones.

Acabado y presentación
Disponer en la base del plato sal gruesa y 3 algas como decoración.
Calentar la ostra tal como se explica en la página siguiente.
Decorar con las verduras del escabeche colocadas encima y servir.

Poner la salsa elegida –en este caso, el escabeche– en 2 cazos.

1

CÓMO CALENTAR LAS OSTRAS

Estos sencillos pasos para calentar de manera regular las ostras se pueden aplicar a cualquier tipo de plato caliente en que este molusco bivalvo sea el protagonista.
Las ostras tienen mucha grasa y se tienen que calentar de la forma más suave posible para conservar toda su tersura.

Poner las ostras en uno de los cazos con escabeche caliente que utilizaremos siempre para entibiar la ostra y no para usarlo como salsa.

2

Calentar la cáscara de la ostra en la gratinadora.

3

Ponemos la ostra en la cáscara.

4

Salsear el escabeche sobre la ostra.

5

OSTRA CON AGUA DE PEPINO

X 4

❶ Para preparar las ostras
4 ostras
300 g de hielo escamado
1 kg de agua mineral
36 g de sal gruesa

❷ Para el agua de pepino
160 g de pepino
c. s. de sal fina
3 g de vinagre de arroz

Acabado y presentación
260 g de hielo pilé
3 algas para decorar
4 pétalos flor de pensamiento
c. s. de salsa tabasco
c. s. de aceite de oliva virgen extra

❶ Para preparar las ostras
Ver página 49.

❷ Para el agua de pepino
Lavar el pepino y pelarlo.
Cortarlo por la mitad y retirar las semillas.
Triturar con una licuadora el pepino para extraer el agua.
Congelar el agua de pepino en un recipiente durante 24 h.
Echar el agua congelada en un colador con papel absorbente y dejar que vaya escurriendo el agua de pepino a temperatura ambiente: quedará un agua transparente.
Salar al punto e incorporar el vinagre de arroz.
Reservar refrigerado.

Acabado y presentación
Disponer en la base del plato hielo pilé y 3 algas como decoración.
Poner la ostra en su concha y agregar 10 g de agua de pepino.
Colocar en la punta de la ostra un pétalo de flor de pensamiento.
En la base del plato, a un lado, poner una pipeta con salsa tabasco. Decorar con un hilo fino de aceite de oliva virgen y servir.

LAS TAPAS DE LA HUERTA

TOSTADA DE ANCHOA Y SEMILLA DE TOMATE

X 4

❶ **Para las tostadas**
¼ de pan de coca

❷ **Para el aceite de oliva texturizado**
100 g de aceite oliva virgen extra
7 g de emulsificador (Glice)
c. s. de hielo

❸ **Para las escamas de plata**
1 hoja de obulato (papel de patata) de 20 x 10 cm
0,5 g de plata en polvo

❹ **Para las semillas de tomate**
300 g de tomates pera

Acabado y presentación
4 filetes de anchoa
(ver página 67)
c. s. de pimienta negra en grano
c. s. del aceite de las anchoas

❶ Para las tostadas

Cortar la coca semicongelada en rebanadas de 5 mm de grosor.
Colocar en una bandeja sobre papel de horno con un peso encima y hornear 20 min a 120 °C, y posteriormente, 5 min a 160 °C.
Dejar enfriar a temperatura ambiente y guardar en un recipiente.

❷ Para el aceite de oliva texturizado

Disolver en un cazo el emulsificador con la mitad del aceite a 50 °C.
Una vez disuelto, añadir la otra mitad de aceite a temperatura ambiente y mezclar.
Trabajar la mezcla dentro de un baño maría con hielo moviendo con una espátula hasta que se solidifique y quede cremoso.
Guardar en un recipiente y en el frigorífico. Con este aceite se consigue retardar la humidificación del pan.

❸ Para las escamas de plata

Oprimir con las manos el obulato haciendo una pelota.
Con unas tijeras, recortarlo en tiras irregulares de 5 x 2 mm.
Poner en un recipiente y añadir la plata en polvo.
Tapar el recipiente y agitar bien para que la plata se quede adherida al obulato. Repasar con las tijeras si queda alguna lámina demasiado grande.
Reservar a temperatura ambiente en un lugar seco.

❹ Para las semillas de tomate

Con la ayuda de un cuchillo, cortar los dos extremos del tomate hasta ver las semillas interiores.
Partir el tomate sin romper la placenta (la parte del tomate donde están las semillas). Con el cuchillo, extraer la placenta entera (se necesitan dos por persona) y guardarla en un recipiente en el frigorífico.
Reservar el resto del tomate para otros platos.

Acabado y presentación

Untar con la menor cantidad de aceite texturizado las tostadas.
Encima del aceite colocar 2 semillas de tomate, y encima de estas extender una anchoa, con la piel hacia arriba.
Aliñar ligeramente con un poco de aceite de la anchoa y pimienta negra recién molida.
Disponer 4 o 5 escamas de plata encima de la anchoa y servir.

Sumergir las anchoas en agua un mínimo de 15 min.

1

Con unas tijeras cortar la cola y perfilar el estómago.

2

LA LIMPIEZA DE LAS ANCHOAS EN SALAZÓN

Para limpiar las anchoas en salazón solo hay que seguir estos pasos. Pero muchas veces el resultado final no es siempre el mismo. Hay que tener en cuenta que en todas las conservas las anchoas presentan un diferente estado de curación y desalación, así como de prensado.

Separar la espina.

3

Con unas pinzas eliminar todas las espinas del vientre.

4

Dejar secar las anchoas.

5

Sumergir en aceite.

6

PUERRO ASADO CON VINAGRETA DE SU CENIZA

X 4

❶ Para el puerro confitado en aceite de almendra
4 puerros
20 g de aceite de girasol
20 g de aceite de almendra
c. s. de sal fina
c. s. de pimienta negra

❷ Para la vinagreta de ceniza
60 g de la mezcla de aceites *(ver punto 1)*
6 g de piel de puerro calcinada *(ver punto 1)*
6 g de vinagre de vino blanco
c. s. de sal fina

Acabado y presentación
6 almendras enteras crudas
c. s. de sal fina
c. s. de pimienta negra

❶ Para el puerro confitado en aceite de almendra

Lavar y cortar la punta y las hojas verdes del puerro para quedarnos solo con la parte blanca.
Asar el puerro en el horno (mejor si es de carbón) a 180 °C hasta que esté bien escalivado y totalmente quemado su exterior.
Una vez listo, envolver el puerro en papel de aluminio y dejar reposar unas horas.
Quitar la parte exterior del puerro y reservar la piel quemada.
Salpimentar los puerros y guardarlos en una bolsa de vacío con la mezcla de aceites. Extraer el aire en la máquina en un 80%.
Reservar.
Si no se dispone de máquina de vacío, *ver página 170*.

❷ Para la vinagreta de ceniza

Abrir la bolsa de vacío, escurrir los puerros y utilizar la mezcla de aceites para esta elaboración.
Escoger la piel más quemada del puerro y deshidratarla en una deshidratadora u horno a 50 °C durante 12 h. Después triturarla en un molinillo de café hasta obtener un polvo fino.
Emulsionar con unas varillas la mezcla de aceites con el vinagre, la sal y la ceniza.
Reservar en el frigorífico.

Acabado y presentación

Cortar los puerros en trozos de 4 cm cada uno y salpimentar.
Poner en un plato alargado 6 trozos de puerro, napar con la vinagreta de ceniza y rallar la almendra encima del puerro justo antes de servir.

ALCACHOFAS CON CREMA DE QUESO IDIAZÁBAL Y LIMÓN MARROQUÍ

X 4

1 Para las alcachofas hervidas y confitadas

8 alcachofas
1 kg de agua mineral
80 g de aceite de oliva 0,4°
4 g de zumo de limón
2 g de sal

2 Para la crema de Idiazábal

60 g de queso Idiazábal ahumado
60 g de leche
60 g de nata 35% m. g.
1 g de sal

3 Para el limón marroquí encurtido

1 limón
100 g de sal gruesa
25 g de zumo de limón

Acabado y presentación

c. s. de pimienta negra
c. s. de aceite de oliva virgen extra
c. s. de lascas de queso Idiazábal

❶ Para las alcachofas hervidas y confitadas
Ver página siguiente.

❷ Para la crema de Idiazábal
Rallar el queso muy fino.
En un cazo, mezclar la leche, la nata y el queso rallado y fundir a fuego bajo. Salar al punto y pasar por un colador fino. Reservar en el frigorífico.

❸ Para el limón marroquí encurtido
Poner en un recipiente el limón entero, cubrir con la sal y agregar el zumo de limón por encima. Dejar reposar 1 mes en el frigorífico. Como la elaboración es larga, se recomienda hacerlo con más de un limón.
Pasado este tiempo, sacar del frigorífico, lavar el limón y pelarlo retirando la piel sin la parte blanca. Cortar la piel del limón en dados de 2 mm. Reservar en el frigorífico.

Acabado y presentación
Calentar la crema de Idiazábal en un cazo a fuego suave.
En un plato redondo semihondo agregar 30 g de crema de Idiazábal. Distribuir las alcachofas de forma desigual en el plato.
Sazonar con pimienta y dados de limón encurtido.
Por último, distribuir una lasca de queso encima de cada alcachofa, añadir aceite de oliva virgen y servir.

CÓMO PREPARAR LAS ALCACHOFAS

Los corazones de alcachofa se emplean en numerosas recetas. Pero cortar esta hortaliza sin que se oxide y después cocerla es para muchos una ardua tarea. Siga estos pasos para facilitar su preparación y degustar unas deliciosas alcachofas al dente. Si no se dispone de máquina de vacío, *ver página 170*.

En un recipiente mezclar el agua con el zumo de limón y reservarlo. 1

Limpiar las alcachofas, cortar el pedúnculo, las hojas externas y la parte superior para quedarnos únicamente con el corazón. 2

Cortar los corazones en cuartos y reservarlos en el recipiente con el agua y el limón. 3

Poner a hervir un cazo con agua y sal. Cuando hierva, añadir las alcachofas y cocer de 6 a 8 min, para que queden al dente. El tiempo de cocción depende de su tamaño y temporada. 4

Retirar las alcachofas del fuego y enfriarlas en un baño de agua con hielo y sal. Secarlas. 5

Distribuir raciones de 80 g de alcachofas con 20 g de aceite de oliva en bolsas de envasar al vacío. Extraer el aire en la máquina a un 85%. Reservar. 6

ALCACHOFAS CON JAMÓN Y GELATINA DE PEREJIL

X 4

1 Para el caldo de jamón
100 g de recortes de jamón
200 g de agua mineral

2 Para el caldo de jamón espesado
200 g de caldo de jamón
(ver punto 1)
0,6 g de xantana

3 Para las alcachofas hervidas
800 g de alcachofas
(quedarán unos 250 g)
400 g de agua mineral
5 g de sal

4 Para las alcachofas impregnadas
250 g de alcachofas hervidas
40 g de aceite de oliva 0,4°

5 Para los dados de chicharrón
20 g de grasa de jamón
50 g de aceite de girasol

6 Para la gelatina de perejil
100 g de hojas perejil
100 g de agua mineral
c. s. de sal
1 hoja de gelatina
1 g de agar

7 Para los filamentos de ajo negro
1 g de ajo negro

Acabado y presentación
c. s. de aceite de oliva extra virgen
c. s. de pimienta negra

1 Para el caldo de jamón
Cortar los recortes de jamón en dados de 3 cm y hervir muy suavemente en un cazo con el agua durante 40 min. Retirar del fuego y dejar infusionar 20 min más. Colar en una estameña y después con un papel absorbente. Reservar refrigerado.

2 Para el caldo de jamón espesado
Mezclar con una batidora 100 g de caldo de jamón con la xantana hasta que esté bien disuelta. Extraer el aire en la máquina de vacío y añadir el resto de jugo. Si no se dispone de máquina de vacío, *ver página 170*. Reservar hasta el momento de su uso.

3 Para las alcachofas hervidas
Ver hasta el punto 5 de la página 73.

4 Para las alcachofas impregnadas
Envasar 7 u 8 trozos (entre 60 y 65 g) de alcachofas hervidas en bolsas de vacío con un poco de aceite de oliva y extraer el aire en la máquina de vacío. Reservar las raciones refrigeradas. Si no se dispone de máquina de vacío, *ver página 170*.

5 Para los dados de chicharrón
Cortar la grasa de jamón en dados de 0,5 por 0,5 cm. Ponerlos a confitar en un cazo a fuego suave con aceite de girasol hasta que queden dorados y crujientes. Reservar sobre papel absorbente.

6 Para la gelatina de perejil
Escaldar las hojas de perejil en un cazo con agua hirviendo durante 5 seg. Enfriar después en agua con hielo. Escurrir, agregar la sal, triturar en el agua con la batidora y colar en una estameña. Llevar a ebullición 1/3 del agua de perejil, espesar con el agar y la hoja de gelatina y agregar la otra parte del agua de perejil. Mezclar bien y disponer la mezcla en un recipiente con al menos 3 cm de altura. Dejar cuajar en el frigorífico por espacio de 2 h. Después cortar en dados de 5 por 5 mm.

7 Para los filamentos de ajo negro
Pelar el ajo y cortar filamentos de 2 por 10 mm. Reservar refrigerado en un recipiente.

Acabado y presentación

Introducir la bolsa con las alcachofas en un baño maría a 65 ºC durante 4 min. Calentar el caldo de jamón espesado hasta que rompa a hervir. En cada plato caliente disponer las alcachofas de forma irregular y cubrirlas con 20 g de caldo de jamón espesado. Colocar 6 dados de gelatina entre las alcachofas. Colocar encima de cada alcachofa un dado de chicharrón y, al lado de las alcachofas, un filamento de ajo negro. Calentar en la gratinadora. Justo antes de servir, espolvorear con pimienta recién molida y un hilo de aceite de oliva virgen extra.

MAJADO DE AGUACATE CON ERIZOS Y CLOROFILA DE ALGAS Y PEREJIL

X 4

1 Para las yemas de erizo de mar
1,5 kg de erizos de mar (150 g de yemas de erizo limpio)
20 g de agua mineral
c. s. de sal fina

2 Para la salsa de erizo de mar
50 g de yemas de erizo rotas o más feas *(ver punto 1)*

3 Para el agua de alga codium
100 g de alga codium fresca
100 g de agua mineral
c. s. de sal

4 Para el agua de perejil
80 g de perejil fresco deshojado
c. s. de agua mineral
c. s. de sal

5 Para la clorofila de alga codium y perejil
80 g de agua de perejil *(ver punto 4)*
80 g de agua de alga codium *(ver punto 3)*
0,3 g de xantana

Acabado y presentación
2 aguacates (300 g c/u)
c. s. de sal fina
c. s. de pimienta negra en grano
2 limones frescos
40 g de aceite de oliva virgen extra

1 Para las yemas de erizo de mar
Mezclar el agua y la sal y reservar. Para abrir los erizos, cortar por la base con la ayuda de unas tijeras abriendo un círculo de 2 cm de diámetro.
Sacar las yemas del interior de los erizos y pasar una por una por el baño de agua y sal para quitar las impurezas.
Secar sobre papel absorbente separando las yemas rotas de las enteras.
Hacer raciones de 20 g con las yemas enteras y reservar las rotas para hacer la salsa.
Reservar en el frigorífico.

2 Para la salsa de erizo de mar
Pasar las yemas de erizo rotas por un colador con la ayuda de una cuchara hasta conseguir una salsa fina.
Poner en un biberón y reservar en el frigorífico.

3 Para el agua de alga codium
Poner agua a hervir con sal (36 g de sal por litro de agua) y escaldar el alga durante 10 seg.
Refrescar en agua con hielo salada (15 g de sal por litro).
Triturar el codium en la misma cantidad de agua de refrescar.
Pasar el jugo obtenido por un colador fino (se obtendrán 100 g de jugo de codium).

4 Para el agua de perejil
Escaldar el perejil en agua hirviendo con sal (18 g de sal por litro). Refrescar en agua fría con sal (18 g de sal por litro).
Triturar el perejil en la misma cantidad de agua de refrescar.
Pasar el jugo obtenido por un colador fino (se obtendrán 80 g de agua de perejil).

5 Para la clorofila de alga codium y perejil
En un bol, mezclar la mitad del agua de perejil con la mitad del agua de codium.
Disolver la xantana en la mezcla anterior y mezclar con la ayuda de una batidora hasta conseguir una salsa homogénea.
Extraer el aire en la máquina de vacío (o *ver página 170*), añadir el resto de aguas y mezclar.
Reservar en el frigorífico.

Acabado y presentación
Hacer una incisión longitudinal en los aguacates con un cuchillo, hasta llegar al hueso. Separar las dos mitades, reservar una de ellas para otra ración y hacer cortes en la carne del aguacate de derecha a izquierda.
Con una cuchara sacar la carne del aguacate y ponerla en un bol. Aliñar cada plato con sal, pimienta, zumo de medio limón y aceite de oliva virgen extra.
Machacar con una cuchara hasta obtener la textura de un guacamole.
Poner el guacamole en el centro del plato y encima la yema de erizo (20 g). Añadir 8 g de salsa de erizo y alrededor del aguacate disponer una línea de clorofila de alga y perejil bien fría. Repetir la operación tres veces más.

TARTAR DE TOMATE

X 4

❶ Para los dados de tomate
350 g de tomate

❷ Para el tartar de tomate
200 g de dados de tomate
(ver punto 1)
25 g de néctar de tomate (Travol)
12 g de mostaza de Dijon
8 g de salsa Worcestershire (Perrins)
3 g de salsa HP
3 g de sal fina
3 g de albahaca picada
0,7 g de salsa de chile habanero
0,3 g de orégano seco

❸ Para las láminas de pan
20 láminas de pan (Gutiattu)

Acabado y presentación
12 germinados (Sakura mix)
4 hojas de albahaca
5 g de alcaparras
c. s. de pimienta negra
15 g de aceite virgen extra

❶ Para los dados de tomate
Pelar los tomates y filetearlos. Escurrirlos y desechar el jugo. Picar la pulpa en daditos de 2 mm, sin que sea un puré, y dejarlo reposar encima de un colador para que pierda el exceso de agua.
Conseguiremos 200 g de dados de tomate escurrido.

❷ Para el tartar de tomate
Mezclar todos los ingredientes menos el tomate.
Añadir el tomate a la mezcla anterior, mover suavemente sin que se trituren los dados y dejar escurrir en un colador durante 1 h.
Corregir de sal si fuera necesario y después reservar tapado en el frigorífico.

❸ Para las láminas de pan
Extender las láminas de pan entre dos rejillas de horno.
Hornearlas a 150 ºC durante 6 min hasta que estén doradas por ambos lados.
Dejarlas enfriar y guardarlas en un recipiente.

Acabado y presentación
Seleccionar 5 ramilletes de cada germinado.
Seleccionar las hojas de albahaca.
Escurrir y reservar las alcaparras.
Disponer 50 g de tartar de tomate en el centro de un plato, y extenderlo de forma circular con un diámetro de 16 cm.
Dar dos vueltas con el molinillo de pimienta sobre el tartar.
Poner un hilo de aceite de oliva alrededor del tartar.
Disponer 3 alcaparras alrededor, y encima distribuir 2 hojas de germinado de sakura morada y otra de sakura verde.
Cortar unas hojas de albahaca en tiras finas y repartir uniformemente sobre el tartar.
Servir.

Natalia
Fara

Lorena
Cuello
TICKETS
Bilal el
Meghoui

Xavi
Alba
Rachid
Kollech
Laia
Caner
Guille
Miret

ESCRIBA

J. Miguel
Estrada

THE ORIGIN
TICKETS
Fran Agudo
Jon Urruti
Rubén González

CORAZÓN DE ALCACHOFAS CON YEMA DE HUEVO DE CODORNIZ Y HUEVAS DE SALMÓN

X 4

❶ Para los corazones de alcachofa
4 alcachofas
1 kg de agua mineral
3 g de ácido ascórbico

❷ Para confitar las alcachofas
4 corazones de alcachofa
(ver punto 1)
500 g de aceite de oliva 0,4°

❸ Para las yemas de codorniz
4 huevos de codorniz
50 g de aceite de girasol

❹ Para limpiar las huevas de salmón
25 g de huevas de salmón
25 g de vodka (o sake)
50 g de agua mineral

Acabado y presentación
c. s. de sal maldon
c. s. de sal fina

❶ Para los corazones de alcachofa

Mezclar el ácido ascórbico con el agua.
Quitar las hojas exteriores más verdes de la alcachofa hasta llegar a las hojas claras. Cortar el tallo y 5 cm por debajo de la punta de la alcachofa, dejando solo el corazón.
Tornear la alcachofa hasta que tenga 4 cm de diámetro y 2 cm de altura, sin que queden puntas y esté totalmente redondeada.
Con la ayuda de un sacabolas hacer un agujero en el centro del corazón de 2 cm de ancho y 1 cm de profundidad. Reservar los corazones en el agua con el ácido ascórbico.

❷ Para confitar las alcachofas

Poner las alcachofas torneadas dentro del aceite en un cazo a fuego suave.
Confitar a 100 °C durante 35 min hasta que estén completamente blandas.
Retirar del fuego y dejar enfriar.

❸ Para las yemas de codorniz

Con la ayuda de un cuchillo hacer un corte en la parte más estrecha del huevo, 5 mm por debajo de la punta.
Acabar de romper la cáscara y separar la yema de la clara.
Desechar la clara y poner la yema en un recipiente, cubierta completamente por el aceite de girasol para que no se reseque.
Reservar refrigerada.

❹ Para limpiar las huevas de salmón

Mezclar el vodka con el agua.
Sumergir las huevas en la mezcla con ayuda de una cuchara de agujeros, haciendo movimientos circulares.
Sacarlas y dejar escurrir poniendo un papel absorbente debajo de la cuchara y dejar en un recipiente. Reservar refrigerado.

Acabado y presentación

Escurrir las alcachofas del aceite y poner al punto de sal fina.
Coger con una cuchara de agujeros las yemas de huevo, secar el exceso de aceite y ponerlas en el centro del corazón de alcachofa.
Poner las alcachofas en el horno a 70 °C para mantenerlas calientes.
Poner sal en la yema y calentar en la gratinadora durante 5 seg.
Una opción para presentar el plato: colocar paja limpia y seca y un papel de horno arrugado de 9 x 9 cm.
Colocar una alcachofa por ración y tapar con 4 g de huevas de salmón y la mitad de la yema.
Poner sal maldon encima de las huevas. Finalmente cubrir con una campana, ahumar con un ahumador de cocina durante 5 seg y servir.

ESPÁRRAGOS BLANCOS CON CREMA DE PARMESANO

X 4

❶ Para los espárragos blancos
12 espárragos blancos
3 g de ácido ascórbico
3 kg de agua mineral
35 g de sal fina

❷ Para la crema de queso parmesano
120 g de queso parmesano
200 g de leche entera
1 g de sal fina
0,5 g de pimienta negra molida
0,6 g de xantana

Acabado y presentación
50 g de queso parmesano
10 g de puré de aceitunas negras (Marchenica)
1 naranja
50 g de aceite de oliva virgen extra

❶ Para los espárragos blancos
Mezclar el ácido ascórbico con 1 kg de agua.
Cortar los espárragos a un tamaño de 15 cm.
Pelar los espárragos ligeramente y ponerlos dentro de la mezcla de agua y ácido ascórbico para evitar la oxidación.
Poner a hervir el resto del agua con la sal.
Cocinar los espárragos durante 8 min (dependiendo del grosor).
Una vez cocidos, escurrirlos con cuidado de no romperlos y dejar enfriar con el caldo a temperatura ambiente.
Guardarlos en el caldo refrigerados.

❷ Para la crema de queso parmesano
Quitar la corteza del queso y cortarlo en trozos.
Poner la leche y el queso en el robot de cocina a 70 ºC y velocidad 7 durante 2 min, y rectificar de sal y pimienta.
Pasar por un colador fino.
Mezclar con la batidora la mitad del líquido con la xantana hasta que esté bien disuelta.
Añadir el resto de la mezcla y reservar en el frigorífico.

Acabado y presentación
Templar los espárragos a temperatura ambiente 1 h antes de servirlos.
Para preparar cada plato, secar sobre papel absorbente 3 espárragos y cortarlos por la mitad.
Poner una línea de crema de queso parmesano (30 g) sobre la base del plato.
Colocar los espárragos sobre la crema intercalando las dos partes.
Rallar el queso parmesano por encima de los espárragos.
En un extremo de los espárragos colocar un punto de puré de aceitunas negras, y en el otro lado colocar un punto de ralladura de naranja.
Terminar el plato con un hilo de aceite de oliva por encima de los espárragos.

ENSALADA DE TOMATE CON GELATINA TRANSPARENTE DE GAZPACHO

X 4

❶ Para el agua transparente de gazpacho
60 g de cebolla tierna
1 kg de tomate pera
60 g de pepino del país
50 g de pimiento verde
c. s. de sal fina

❷ Para la gelatina transparente de gazpacho
500 g de agua transparente de gazpacho
(ver punto 1)
3 hojas de gelatina

❸ Para el majado de hierbas
70 g de aceite de oliva 0,4°
6 g de vinagre de vino blanco
4 g de menta fresca
3 g de perejil fresco
2 g de bayas de cilantro
1 g de tomillo limón
c. s. de sal fina

❹ Para los tomate cherry pelados
36 tomates cherry de temporada (nuestro preferido es el feo de Tudela)
c. s. de agua mineral
c. s. de hielo

Acabado y presentación
36 germinados de albahaca
c. s. de aceite de oliva virgen extra
c. s. de sal
c. s. de pimienta negra molida

❶ Para el agua transparente de gazpacho

Cortar la cebolleta en cuartos y blanquearla tres veces en agua.
Poner todos los ingredientes juntos en la batidora y triturar a velocidad 8 durante 3 min.
Guardar el puré de gazpacho en un recipiente en el congelador durante 24 h.
Trascurrido ese tiempo sacarlo del congelador y dejarlo descongelar durante 20 min para poder romperlo en trozos.
Poner sobre un colador con papel absorbente y dejar que vaya escurriendo el agua de gazpacho durante 5 h: quedará un agua transparente.

❷ Para la gelatina transparente de gazpacho

Sumergir la gelatina en el agua de gazpacho y dejar hidratar durante 1 h.
Escurrir las hojas de gelatina.
Calentar un poco del agua de gazpacho en un cazo y deshacer la gelatina. Una vez disuelta, mezclar con el resto del agua de gazpacho.
Dejar cuajar en un recipiente en el frigorífico.

❸ Para el majado de hierbas

Echar todos los ingredientes en un vaso mezclador y triturar con la batidora hasta conseguir una textura fina.

❹ Para los tomate cherry pelados

Hacer una leve incisión en cada tomate.
Poner agua en un cazo a hervir, escaldar los tomates durante unos segundos y enfriarlos en agua y hielo.
Escurrir los tomates y pelarlos.
Reservar refrigerados en un recipiente.

Acabado y presentación

En el fondo de un plato disponer 50 g de gelatina de agua de gazpacho.

Disponer 8 tomates por ración, intercalándolos con la gelatina, y salpimentar.

Colocar una hoja de albahaca encima de cada trozo de tomate.

Aliñar cada tomate con un chorro de aceite de oliva y unas gotas de majado de hierbas.

ENSALADA DE NARANJA CON NÉCTAR DE JUGO DE ACEITUNAS

X 4

❶ Para el jugo de aceituna
250 g de jugo de aceituna gordal
0,6 g de xantana

❷ Para los gajos y la juliana de piel de naranja
4 naranjas

❸ Para el almíbar t. p. t.
100 g de azúcar
100 g de agua mineral

❹ Para la juliana de limón
1 limón
40 g de almíbar t. p. t.
(ver punto 3)

❺ Para el aceite de guindilla
10 g de aceite de oliva 0,4º
1 guindilla seca
c. s. de sal fina

Acabado y presentación
c. s. de comino en polvo
c. s. de ras el hanout
c. s. de sal fina
c. s. de pimienta negra
36 hojas mini de menta
4 cogollos de menta
20 g de aceite de oliva virgen

❶ Para el jugo de aceituna
Ver página 17.
Añadir la xantana al jugo de aceituna y triturar con una batidora hasta conseguir una salsa cremosa y sin grumos. Introducir en un biberón y guardar refrigerado.

❷ Para los gajos y la juliana de piel de naranja
Pelar 1 naranja con un pelador (evitando la parte blanca) y cortar la piel en juliana larga. Reservarla en frío tapada con papel de cocina húmedo. Pelar el resto de las naranjas a sangre, al igual que los gajos. Guardar los gajos de naranja bien tapados en el frigorífico.

❸ Para el almíbar t. p. t.
Juntar los dos ingredientes y poner a hervir hasta que se disuelva el azúcar. Retirar del fuego y dejar enfriar.

❹ Para la juliana de limón
Limpiar y pelar la piel del limón con un pelador (evitando la parte blanca) y cortarla en juliana larga.
Introducir la piel en el almíbar y reservar.

❺ Para el aceite de guindilla
Poner a fuego suave en una sartén el aceite con la guindilla rota y la sal.
Confitar durante 10 min y retirar del fuego.
Poner en un biberón y reservar.

Acabado y presentación
Disponer en el fondo de un cuenco 20 g de jugo de aceituna.
Colocar en forma de abanico 9 gajos de naranja.
Aderezar la naranja con el comino, el ras el hanout, la sal y la pimienta negra recién molida.
Repartir por encima 5 tiras de piel de naranja y 5 tiras de piel de limón.
Poner entre cada gajo una gota de aceite de guindilla.
Encima de cada gajo colocar 1 hojita de menta, y en el centro, un cogollo de menta.
Terminar con un hilo de aceite de oliva alrededor y servir.

LAS TAPITAS DEL MAR

NAVAJAS EN ESCABECHE CON PERLAS DE AZAFRÁN Y CRISTALES DE SALSA DE SOJA

X 4

❶ Para cocer las navajas
800 g de navajas
(unos 50 g/unidad)
1 kg de agua mineral
30 g de sal
c. s. de hielo

❷ Para los cristales de salsa de soja
250 g de agua mineral
100 g de salsa de soja
15 g de azúcar
5 g de hondashi
5 g de kombu
5 g de xantana

❸ Para el escabeche de vino blanco
50 g de ajo
300 g de aceite de oliva 0,4°
75 g de vino blanco
50 g de vinagre de jerez
1 hoja de laurel
1 rama de tomillo
1 rama de romero
50 g de zanahoria
50 g de chalota
c. s. de xantana
125 g de agua mineral
5 g de sal fina
20 granos de pimienta negra

❹ Para el agua de azafrán
100 g de agua mineral
0,3 g de azafrán
c. s. de sal fina

❺ Para las perlas de azafrán
100 g de agua mineral
2 g de sal fina
20 g de bolas de tapioca
16 g de agua de azafrán
(ver punto 4)

❻ Para la cebolla roja en escabeche
25 g de cebolla roja
25 g de escabeche
(ver punto 3)

❼ Para la juliana de estragón
16 hojas de estragón
c. s. de agua mineral
c. s. de hielo

Acabado y presentación
16 germinados de Sakura mix

❶ Para cocer las navajas

Disponer las navajas en un recipiente que permita que queden prietas y en posición vertical.
Llenar el recipiente con el agua fría salada y purgar las navajas durante 1 h.
Una vez purgadas, clasificarlas por tamaños y repartir unas 14 por bolsa de vacío.
Extraer el aire en la máquina para envasar al vacío en un 95%.
Cocer las navajas dentro de la bolsa en agua hirviendo durante 50 seg (el tiempo de cocción puede variar según el tamaño).
Enfriar las navajas en agua y hielo.
Abrir las bolsas, sacar las navajas y extraerlas de la concha, guardando las más bonitas. Si no se dispone de bolsa de vacío, *ver página 170*.
Retirar la tripa y la boca de las navajas sin que pierdan la forma original, y cortarlas por la mitad disponiendo las navajas encima de la concha que se ha reservado.
Se emplearán 200 g por comensal (entre 3 y 6 unidades dependiendo del peso).

❷ Para los cristales de salsa de soja

Ver página siguiente.

❸ Para el escabeche de vino blanco

Machacar el ajo con piel y confitar a fuego lento en el aceite.
En un cazo poner el vino blanco y reducir a la mitad. Añadir después el agua, el vinagre, las hierbas, la zanahoria cortada en juliana y la chalota en rodajas y dejar cocinar durante 10 min.
Añadir el aceite de ajos, rectificar de sal y pimienta negra y dejar cocinar 5 min. Dejar macerar la salsa durante 3 h.
Decantar el escabeche y espesar la parte líquida con xantana en una proporción de 0,4 g por litro de líquido.
Después mezclar con la parte grasa con ayuda de una batidora poco a poco.
Reservar en un biberón en el frigorífico.

❹ Para el agua de azafrán

Hervir el agua con la sal y, ya fuera del fuego, añadir el azafrán.
Dejar infusionar durante 3 h.

❺ Para las perlas de azafrán

Mezclar el agua y la sal, dejar hervir, añadir la tapioca, cocer durante 16 min y dejar reposar 5 min más.
Escurrir con un colador y mezclar con el agua de azafrán. Reservar y dejar infusionar 6 h.

❻ Para la cebolla roja en escabeche

Pelar la cebolla y quitar las 3 primeras capas. Partir por la mitad y cortar en juliana de 4 cm de largo por 1 cm de ancho.
Poner con el escabeche a fuego suave durante 5 min y reservar.

❼ Para la juliana de estragón

Cortar cada hoja de estragón en dos y reservar en agua con hielo.

Acabado y presentación

Poner las navajas sobre un plato y naparlas con el escabeche. Colocar en los dos extremos de la navaja un trozo de cebolla roja, y al lado, 5 perlas de azafrán.
Encima de las perlas poner un trozo de juliana de estragón y un germinado de Sakura.
Justo antes de servir, colocar una lámina de cristal de soja al lado de cada germinado.

Calentar el agua y añadir el azúcar, el kombu y el hondashi.

1

Retirar del fuego y añadir la soja. Dejar infusionar en el frigorífico durante 24 h.

2

LOS CRISTALES DE SALSA DE SOJA

La técnica de los cristales de salsa de soja resulta muy interesante en cocina. Se consigue la textura del caramelo en versión salada, un elemento característico en estas navajas en escabeche con perlas de azafrán. Si para realizar este plato no dispone de máquina de vacío, *ver página 170*.

Una vez reposada, triturar la base de soja con la xantana.

3

Echar la mezcla en una bolsa de envasar al vacío, extraer el aire en la máquina y reservar.
Estirar con la espátula en la deshidratadora hasta 1 mm de grosor.

4

Dejar secar en una deshidratadora u horno a 45 ºC durante 24 h.

5

Una vez seco, romper los cristales, de unos 5 mm, y guardar en un recipiente con bolsitas de gel de sílice.

6

NAVAJAS CON SALSA DE REFRITO Y AIRE DE LIMÓN

X 4

❶ Para cocer las navajas
800 g de navajas
(unos 50 g/unidad)
1 kg de agua mineral
30 g de sal
c. s. de hielo

❷ Para el aceite de ajo
90 g de ajo
(80 g de ajo laminado)
100 g de aceite de oliva 0,4°

❸ Para la salsa de refrito
500 g de agua mineral
6 g de hondashi
25 g de salsa de soja
2 g de xantana
30 g de vinagre de vino blanco
80 g de aceite de ajo
(ver punto 2)
1 g de sal fina

❹ Para el aire de limón
200 g de zumo de limón
300 g de agua mineral
6 g de emulsionante Sucro

Acabado y presentación
1 kg de sal gruesa
c. s. de brotes de flor
de cebollino

❶ Para cocer las navajas
Ver punto 1 de la página 94.

❷ Para el aceite de ajo
Pelar el ajo y laminar fino con la mandolina.
Poner a fuego suave el aceite con el ajo laminado y sofreír sin que llegue a coger color.
Retirar del fuego y reservar.

❸ Para la salsa de refrito
Hervir el agua, el hondashi y la salsa de soja y espesar con la xantana.
Mezclar el vinagre con el aceite de ajo y añadir a la mezcla anterior.
Llevar a ebullición y rectificar de sal. Colar y dejar enfriar.

❹ Para el aire de limón
En un recipiente, mezclar el zumo de limón y el agua.
Añadir el Sucro a la mezcla anterior y remover.
El aire se prepara instantes antes de servir el plato.

Acabado y presentación
Triturar con la batidora la mezcla de aire de limón hasta que coja volumen y dejar reposar durante 30 seg.
Disponer las navajas sobre un plato con sal gruesa y napar cada una con la salsa de refrito.
En el otro extremo colocar el aire de limón con la ayuda de dos cucharas.
Terminar con un brote de flor de cebollino sobre el aire de limón.

TACO DE LECHUGA CON CEVICHE

X 4

❶ **Para la limpiar la corvina**
250 g de lomo de corvina

❷ **Para la leche de tigre**
6 g de ajo
0,5 g de guindilla roja
350 g de zumo de lima
80 g de pescado blanco
15 g de apio
5 g de jengibre
20 g de cebolla blanca
3 g de cilantro fresco
300 g agua mineral con gas
2 g de sal fina
1,4 g de xantana

❸ **Para el taco de lechuga iceberg**
4 lechugas iceberg

❹ **Para el ajo frito**
10 g de ajo
100 g de aceite de oliva 0,4°

❺ **Para el alga nori**
50 g de alga nori en láminas

❻ **Para el cristal de salsa kimchi**
100 g de salsa kimchi
0,6 g de xantana

❼ **Para el apio en bastones**
50 g de tallo de apio

❽ **Para el brunoise de manzana**
0,3 g de ácido ascórbico
100 g de agua mineral
70 g de manzana Granny Smith

❾ **Para la juliana de lima**
1 lima

Acabado y presentación
c. s. de sal
c. s. de pimienta negra
25 mg de aceite de oliva virgen extra
4 brotes de cilantro

❶ **Para limpiar la corvina**
Escamar, limpiar, retirar la piel y filetear la corvina, procurando dejar lo más entero posible el lomo. Cortar el lomo a la mitad longitudinalmente dividiéndolo en dos partes y quitando la espina central. Cortar en bastones de 3,5 cm de largo con un grosor de 3 mm. Reservar refrigerado.

❷ **Para la leche de tigre**
Triturar en una batidora o robot de cocina el ajo, la guindilla, el zumo de lima, el pescado blanco, el apio, el jengibre pelado, la cebolla y las ramas de cilantro.
Agregar el agua con gas, pasar por un colador fino y poner al punto de sal.
Por último, ligar con la xantana.

❸ **Para el taco de lechuga iceberg**
Cortar el tallo de la lechuga y separar hoja por hoja sin romperlas, desechando las primeras hojas blandas.
Elegir las hojas más flexibles e ir cortando las obleas de lechuga con un cortapastas redondo de 8 cm de diámetro. Ir colocando las obleas en un recipiente con papel húmedo para que no se sequen. Conservar en el frigorífico.

❹ **Para el ajo frito**
Pelar los ajos. Laminar el ajo con una mandolina. Poner el aceite en un cazo con el ajo a fuego suave, y en cuanto empiece a tomar color dorado, sacarlo, colarlo y secarlo en papel absorbente. Reservar.

❺ Para el alga nori
Cortar el alga en juliana de 1 mm por 3 cm de largo y reservar en un recipiente con una bolsita de gel de sílice.

❻ Para el cristal de salsa kimchi
Emulsionar con la ayuda de una batidora la salsa kimchi con la xantana. Estirar la mezcla en una bandeja de silicona con un grosor de 1 mm y secar en una deshidratadora u horno a 50 ºC durante 12 h. Retirar el kimchi deshidratado y guardar en un recipiente con una bolsita de gel de sílice.

❼ Para el apio en bastones
Laminar el apio con una mandolina a 3 mm de grosor, desechando la parte verde del apio y dejando solo la blanca. Cortar en juliana de 3 cm de largo por 3 mm de grosor y reservar envuelto en un papel de cocina húmedo dentro del frigorífico.

❽ Para el brunoise de manzana
Disolver el ácido ascórbico en el agua. Pelar la manzana con pelador y laminar con una mandolina a 3 mm de grosor. Cortar en juliana de 3 mm para terminar con daditos de 3 mm. Reservar la manzana en el agua preparada.

❾ Para la juliana de lima
Cortar la piel de lima en juliana de 1 mm de ancho por 1 cm de largo.
Reservar envuelto en un papel húmedo dentro del frigorífico.

Acabado y presentación
Para preparar cada taco: marinar al momento 15 g de corvina con la leche de tigre y salpimentar. Colocar a lo largo la corvina marinada en el centro de la lechuga.
En la parte del pescado poner 6 dados de manzana; en la parte superior colocar una tira de piel de lima; en la parte central, en diagonal, un bastón de apio; y en el centro una lámina de ajo y 1 brote de cilantro.
Romper el cristal de kimchi con la mano y espolvorearlo.
Aliñar con aceite de oliva virgen y, por último, disponer la juliana de nori para dar volumen.

PESCADO EMBARRADO CON MOJO ROJO

X 4

❶ Para limpiar la corvina
700 g de corvina

❷ Para el adobo de mojo rojo
150 g de pimienta roja canaria (o pasta de pimiento choricero)
100 g de vinagre de vino blanco
20 g de ajo
8 g de perejil fresco picado
8 g de orégano seco
6 g de comino seco
5 g de pimentón dulce
4 g de pimienta negra en grano
c. s. de sal fina
40 g de agua mineral

❸ Para la mayonesa de mojo rojo
40 g de mayonesa
40 g de adobo de mojo rojo *(ver punto 2)*

❹ Para la mezcla de harinas
200 g de harina (Las Panaeras)
80 g de harina floja
80 g de fibra soluble derivada del trigo (Trisol)

Acabado y presentación
920 g de aceite de oliva 0,4°
c. s. de sal

❶ Para limpiar la corvina
Escamar y filetear la corvina, procurando dejar lo más entero posible el lomo al quitar la piel. Dividir el lomo longitudinalmente en dos partes.
Retirar la espina central y las partes oscuras que contenga.
Cortar trozos de 5 cm de largo por 3 cm de ancho.
Reservar refrigerado.

❷ Para el adobo de mojo rojo
Triturar en la batidora todos los ingredientes menos el agua y reservar 40 g de esta mezcla para hacer la mayonesa.
Añadir el agua y mezclar.
Pasar por un colador y reservar refrigerado.

❸ Para la mayonesa de mojo rojo
Mezclar los dos ingredientes con unas varillas y reservar en un biberón en el frigorífico.

❹ Para la mezcla de harinas
Mezclar los tres ingredientes y reservar.

Acabado y presentación
Marinar al momento 100 g de corvina en el adobo.
Escurrir, pasar por la mezcla de harinas y después por el tamiz para quitar el exceso.
Colocar el pescado en la freidora con aceite de oliva a 200 °C y dejar durante 1 min y 15 seg hasta que esté dorado.
Secar sobre papel absorbente, salar por ambos lados, disponer 3 puntos de mayonesa de mojo en cada trozo de pescado y servir.

SEPIETAS CON VINAGRETA DE SU TINTA Y MENTAIKO

X 4

❶ Para limpiar las sepietas
400 g de sepietas frescas

❷ Para el fondo de chipirón
15 g de aceite de oliva 0,4°
1 diente de ajo
60 g de cebolla
140 g de chipirón
c. s. de sal fina
60 g de vino blanco
250 g de agua mineral

❸ Para los cristales de salsa de soja
250 g de agua mineral
5 g de hondashi
15 g de azúcar
100 g de salsa de soja
5 g de kombu
5 g de xantana

❹ Para la vinagreta de calamar
40 g de fondo de chipirón *(ver punto 2)*
40 g de tinta de calamar
10 g de vinagre de vino blanco
15 g de aceite de oliva 0,4°
c. s. de cebollino picado

❺ Para la vinagreta de mentaiko
60 g de mentaiko
20 g de agua mineral
20 g de aceite de oliva 0,4°
c. s. de sal fina

Acabado y presentación
c. s. de sésamo blanco tostado

❶ Para limpiar las sepietas
Retirar la pluma de las sepietas con cuidado de no romper el paquete intestinal.
Con unas tijeras, cortar la boca y los ojos y reservar.
Pasar por agua para quitar la posible arenilla y secar sobre papel absorbente.
Cortar hojas de papel de horno de 8 x 5 cm y colocar las sepietas en raciones de 80 g.
Guardar en el frigorífico.

❷ Para el fondo de chipirón
En el aceite sofreír el diente de ajo picado y la cebolla picada.
Añadir el chipirón cortado en rodajas, salar y sofreír.
Regar con el vino blanco, dejar reducir y añadir el agua.
Cocer a fuego lento durante 30 min hasta conseguir un fondo consistente y sabroso.
Colar con una estameña y guardar en el frigorífico.

❸ Para los cristales de salsa de soja
Ver página 95.

❹ Para la vinagreta de calamar
Mezclar en un cazo el fondo de chipirón con la tinta de calamar y el vinagre de vino blanco.
Levantar el hervor, retirar del fuego, añadir el aceite para cortar la vinagreta y al final añadir el cebollino picado.

❺ Para la vinagreta de mentaiko
Mezclar todos los ingredientes y reservar.

Acabado y presentación
Salar al punto las sepietas y asarlas en una sartén antiadherente por ambos lados, hasta que queden doradas y jugosas.
Disponer en el plato y salsear ligeramente con un poco de vinagreta de tinta y unas gotas de mentaiko encima de los tentáculos.
Repartir un poco de sésamo blanco tostado y cristales de salsa de soja picada por encima de las sepietas. Servir.

CALAMARES EN SU TINTA

X 4

1 Para limpiar los calamares
700 g de calamar de playa
(30-35 g/unidad)

2 Para el caldo de pescado
700 g de espinas de pescado
1 kg de agua mineral
15 g de sal fina

3 Para el sofrito
15 g de ajo
50 g de aceite de oliva 0,4°
400 g de cebolla
1 rama de tomillo
1 rama de romero
2 hojas de laurel
80 g de tomate fresco
20 g de tomate triturado
c. s. de sal fina

4 Para blanquear la careta de ternera
200 g de careta de ternera
1 kg de agua mineral
15 g de vinagre de vino blanco
10 g de sal fina

5 Para el relleno de calamar
150 g de tentáculos y aletas de calamar
(ver punto 1)
70 g de sofrito
(ver punto 3)
200 g de mezcla de careta cortada *(ver punto 4)*
2 g de pimentón dulce
50 g de caldo de pescado
(ver punto 2)
50 g de agua mineral
5 g de grasa de jamón ibérico
c. s. de sal y pimienta

6 Para el fondo de calamar
3 g de ajo
110 g de cebolla
25 g de aceite de oliva 0,4°
200 g de recortes de calamar
130 g de vino blanco
1 kg de agua mineral
c. s. de sal fina

7 Para rellenar el calamar
12 tubos de calamar limpios
180 g de relleno
(ver punto 5)

8 Para el guiso de calamar
16 tubos de calamar relleno
(ver punto 7)
100 g de aceite de oliva 0,4°
175 g de cebolla
100 g de zanahoria
75 g de tomate rama maduro
100 g de vino blanco
5 g de tinta de calamar
750 g de fondo de calamar
(ver punto 6)
150 g de caldo de pescado
(ver punto 2)
10 g de harina de maíz (Maizena)
20 g de agua mineral
c. s. de sal fina

1 Para limpiar los calamares
Lavar los calamares bajo el grifo con agua fría.
Tirar de los tentáculos y sacar todas las vísceras. Separar los tentáculos de los ojos y reservar.
Quitar la piel a los calamares y retirar las aletas colocándolas por separado. Reservar las aletas y los tentáculos ya limpios para el relleno.
Dar la vuelta a los cuerpos, quitar el resto de vísceras que queden y guardarlas con las anteriores para hacer el caldo.
Poner en agua los calamares para eliminar el resto de arena o vísceras que queden.
Escurrir, secar con papel y reservar en el frigorífico.

2 Para el caldo de pescado
Poner las espinas en abundante agua con hielo durante 1 h para que suelten todas las impurezas y sangre que contengan.
Escurrirlas y ponerlas en una olla con el agua y la sal, y cocer a fuego lento. Cuando empiece a hervir dejar 20 min y retirar.
Una vez preparado el caldo, pasar por una estameña y reservar.

3 Para el sofrito
Pelar y cortar el ajo fino y rehogarlo en el aceite a fuego suave sin que coja color.
Añadir la cebolla picada fina, el tomillo, el romero y el laurel, y dejar durante 30 min a fuego muy suave hasta que la cebolla se empiece a dorar.
Pelar el tomate fresco, quitar el pedúnculo, cortar en dados de 1 cm y añadirlo al sofrito, dejándolo al fuego hasta que empiece a deshacerse.
Añadir el tomate triturado y cocinar durante 30 min.
Rectificar de sal y reservar.

4 Para blanquear la careta de ternera
Dejar en abundante agua con hielo la careta de ternera durante 1 h y escurrir.
Mezclar en una cazuela el agua con el vinagre y la sal.
Añadir la careta de ternera y poner al fuego. Una vez empiece a hervir dejarla cocer 5 min.
Colar y enfriar en agua con hielo.
Escurrir y separar la carne de la gelatina.
Cortar cada parte en dados de 5 mm y mezclar un 60% de gelatina con el 40% de carne.
Reservar en el frigorífico.

5 Para el relleno de calamar
Saltear en una sartén a fuego fuerte los tentáculos y las aletas de calamar y reservar.
Poner el sofrito al fuego y añadir la careta de ternera y el calamar salteado y guisar durante 5 min.
Añadir el pimentón, cocinar 5 min más e incorporar el caldo de pescado y el agua, y dejar reducir a la mitad.
Cortar la grasa de jamón en dados de 4 mm y añadir al relleno. Rectificar de sal y pimienta, y dejar enfriar.

6 Para el fondo de calamar
Sofreír el ajo y la cebolla picados en una sartén con el aceite.
Añadir los recortes de calamar cortados, rehogar y mojar con el vino blanco.
Dejar reducir y regar con el agua.
Cocer a fuego lento durante 30 min hasta conseguir un fondo consistente y sabroso, rectificar de sal.
Colar con una estameña y guardar en el frigorífico.

7 Para rellenar el calamar
Calentar el relleno a 70 ºC para que se pueda manipular.
Coger un tubo de calamar con una mano, y con la otra ir rellenando hasta la mitad del tubo con la ayuda de una cuchara de café.
Poner un palillo redondo en la parte superior cerrando de lado a lado. Disponer los calamares ordenadamente sobre una bandeja.

❽ Para el guiso de calamar

Salar los tubos de calamar por todos los lados.
Poner una sartén a fuego fuerte con aceite e ir marcando los calamares hasta que adquieran un color dorado y reservar.
Pelar la cebolla y la zanahoria y picar fino.
Pelar el tomate y picar en dados de 5 mm.
Poner el aceite en una cazuela baja a fuego suave, añadir la verdura y dejar cocinar hasta que coja color. Desglasar con el vino blanco y dejar reducir hasta que esté seco.
Diluir la tinta de calamar en 50 g de caldo de pescado y añadir junto con el resto de los caldos al guiso. Tapar y dejar cocinar durante 40 min a fuego suave.
Una vez cocinados, poner los calamares en un recipiente y cubrir con el caldo. Dejar enfriar.
Separar 500 g de salsa de tinta y poner a hervir de nuevo para espesarla.
Mezclar la harina de maíz y el agua usando unas varillas, sin que queden grumos, e incorporar sobre la salsa hirviendo. Dejar hervir hasta que adquiera la densidad deseada. Salar al punto y reservar.

Acabado y presentación

Para cada plato, cubrir 50 g de calamar con el caldo de cocción y calentar a fuego suave.
Revisar que está caliente en el interior pinchando con un palillo.
Calentar 20 g de salsa de tinta.
Disponer los calamares calientes alineados sobre el plato escurriendo previamente el exceso de caldo.
Salsear cada calamar con la salsa de tinta y servir.

PESCADO DEL MERCADO MACERADO CON GUISO DE MINISHITAKE

X 4

❶ Para limpiar el pez limón
1 pez limón de tamaño medio (también se puede emplear lubina, pargo, dorada o corvina)

❷ Para el aceite de jengibre
15 g de jengibre fresco
50 g de aceite de girasol

❸ Para la base de salsa de soja
140 g de agua mineral
10 g de azúcar
2 g de hondashi
50 g de salsa de soja
2 g de kombu

❹ Para el sofrito
15 g de ajo
50 g de aceite de oliva 0,4°
400 g de cebolla
1 rama de tomillo
1 rama de romero
2 hojas de laurel
80 g de tomate fresco
20 g de tomate triturado
c. s. de sal fina

❺ Para confitar las setas
100 g de minishitake
20 g de sofrito
(ver punto 4)
2 g de jengibre fresco
60 g de base de salsa de soja
(ver punto 3)
15 g de aceite de jengibre
(ver punto 2)
25 g de agua mineral

❻ Para marinar el pescado
c. s. de pez limón limpio
(ver punto 1)
c. s. de salsa de confitar las setas
(ver punto 5)

❼ Para los rizos de cebollino
c. s. de cebollino fresco
c. s. de agua mineral
c. s. de hielo

Acabado y presentación
15 g de mesclun de mini brotes asiáticos

❶ Para limpiar el pez limón
Escamar y filetear el pescado procurando dejar lo más entero posible el lomo al quitarle la piel. Dividir el lomo longitudinalmente en dos partes.
Guardarlo en un recipiente en el frigorífico.

❷ Para el aceite de jengibre
Laminar el jengibre con un cuchillo. Confitarlo en un cazo en el aceite de girasol durante 30 min a 70 °C.
Dejar reposar durante 24 h y colar.

❸ Para la base de salsa de soja
Calentar el agua, el azúcar y el hondashi.
Retirar del fuego y añadir la soja y el kombu. Mezclar y reservar.

❹ Para el sofrito
Pelar y cortar el ajo fino y rehogar en el aceite a fuego suave sin que coja color.
Añadir la cebolla picada fina, el tomillo, el romero, el laurel y dejar durante 30 min a fuego muy suave hasta que la cebolla se empiece a dorar.
Pelar el tomate fresco, quitar el pedúnculo, cortar en dados de 1 cm y añadirlo al sofrito, dejándolo al fuego hasta que empiece a deshacerse.
Añadir el tomate triturado y cocinar durante 30 min.
Rectificar de sal y reservar.

❺ Para confitar las setas
Limpiar las setas y retirarles el pie.
Calentar el sofrito con el jengibre rallado.
Añadirle el resto de los ingredientes y poner a fuego mínimo durante 20 min.
Colar y dejar las setas cubiertas de líquido.

❻ Para marinar el pescado
Cortar el pez limón en filetes de unos 5 x 2 cm.
Marinar los filetes en el caldo sobrante de confitar las setas, en frío, durante 2 min, antes de servir a los comensales.

❼ Para los rizos de cebollino
Cortar con una puntilla el cebollino longitudinalmente lo más fino posible y ponerlo en agua con hielo para que se rice.

Acabado y presentación
Poner 4 trozos de pescado marinado en el plato y salsear con la salsa de la marinada.
Colocar unos minishitake sobre el pescado y terminar con unos finos rizos de cebollino y unas hojas de mesclum.

TARTAR DE VENTRESCA DE ATÚN LIGERAMENTE PICANTE CON CEREZAS

X 4

1. **Para limpiar la ventresca de atún**
   250 g de ventresca de atún

2. **Para la base de xantana**
   160 g de agua mineral
   1,6 g de xantana

3. **Para la salsa picante**
   180 g de kimchi
   60 g de salsa de soja
   60 g de mirin
   90 g de vinagre de arroz
   45 g de base de xantana
   (ver punto 2)

4. **Para las láminas de rábano encurtido**
   60 g de agua mineral
   2 g de sal fina
   8 g de azúcar blanquilla
   12 g de vinagre de vino blanco
   2 rabanitos

5. **Para los rizos de cebollino**
   c. s. de cebollino fresco
   c. s. de agua mineral
   c. s. de hielo

Acabado y presentación
20 g de aceite de oliva virgen
1 lima
6 g de sésamo blanco tostado
4 cerezas
4 g de cebollino

❶ Para limpiar la ventresca de atún
Separar bien las láminas de atún siguiendo las particiones de la telilla de piel y retirarla.
Cortar en dados pequeños y reservar.

❷ Para la base de xantana
Batir la mitad del agua con la xantana.
Añadir el resto del agua y mezclar con una batidora hasta que la xantana esté completamente diluida.
Guardar refrigerado al menos una noche para que pierda el aire.

❸ Para la salsa picante
Mezclar el kimchi, la salsa de soja, el mirin y el vinagre de arroz.
Añadir la base de xantana y mezclar con unas varillas hasta obtener la densidad deseada.

❹ Para las láminas de rábano encurtido
Mezclar el agua, la sal, el azúcar y el vinagre y remover con unas varillas.
Cortar los rabanitos en rodajas finas de 1 mm con la mandolina.
Poner los rabanitos cortados con el aliño, envasar al vacío al 100% y reservar durante 1 h.
Transcurrido ese tiempo, abrir la bolsa, colar y reservar. Si no se dispone de máquina de vacío, *ver página 170*.

❺ Para los rizos de cebollino
Cortar con una puntilla el cebollino longitudinalmente lo más fino posible y ponerlo en agua con hielo para que se rice.

Acabado y presentación
Para preparar cada plato, mezclar en un bol 60 g de ventresca y 25 g de salsa picante.
Añadir 5 g de aceite, la ralladura de lima y un poco de sésamo blanco tostado.
Emplatar y poner sobre el atún 4 láminas de rabanitos, la cereza cortada en cuartos y el cebollino en el centro.

LLANGUETA CON POLVO DE ALGAS Y YUZU

X 4

❶ Para el pescado
200 g de *llanguetes*

❷ Para los cristales de salsa de soja
250 g de agua mineral
15 g de azúcar
5 g de hondashi
100 g de salsa de soja
5 g de alga kombu
5 g de xantana

❸ Para el polvo de alga nori y soja
30 g de escamas de alga nori
20 g de cristales de salsa de soja *(ver página 95)*

❹ Para el huevo
4 huevos
(de entre 50-60 g cada uno)

Acabado y presentación
500 g de harina de trigo floja
920 g de aceite de oliva 0,4°
1 yuzu fresco
c. s. de sal maldon
c. s. de sal fina

❶ Para la *llangueta*

Poner la *llangueta* en un colador y lavarlo bajo el agua para quitar las impurezas.
Escurrirlo y repartir 50 g (la ración) sobre 4 papeles absorbentes.
Reservar en un recipiente y refrigerar.

❷ Para los cristales de salsa de soja

Ver página 95.

❸ Para el polvo de alga nori y soja

Disponer ambos ingredientes en el molinillo de café y triturar hasta conseguir un polvo fino.
Reservar en un recipiente en un lugar seco.

❹ Para el huevo

Separar las claras de las yemas.
Colocar cada yema sobre cada una de las cavidades de un molde de silicona de medias esferas.
Cocinar en el horno (mejor si es de vapor) a 63 ºC durante 22 min.
Filmar rápidamente para que no se sequen las yemas y dejar enfriar a temperatura ambiente.

Acabado y presentación

Poner las *llanguetes* en un colador y sumergir en un recipiente con agua fría.
Escurrir el exceso de agua y rebozar en la harina de manera que queden bien sueltas.
Quitar el exceso de harina y sumergir en la freidora a una temperatura de 190 ºC durante 20 seg o hasta que el pescado esté crujiente.
Secar sobre papel absorbente, salar al punto y espolvorear el polvo de alga nori y soja.
Colocar la yema de huevo sobre el plato y calentar ligeramente bajo el gratinador.
Disponer alrededor del huevo el pescado frito y rallar piel de yuzu por encima.
Sazonar al punto la yema de huevo con sal maldon y servir.

VENTRESCA DE ATÚN CONFITADA EN ESCABECHE TRADICIONAL

X 4

1 Para el caldo de atún
1,6 kg de espinas y recortes de atún
50 g de aceite de oliva 0,4°
55 g de vino blanco
1 kg de agua mineral
c. s. de sal fina
1 g de xantana

2 Para la ventresca de atún confitada
500 g de ventresca de atún (320 g de ventresca limpia)
200 g de aceite de oliva 0,4°
c. s. de sal fina

3 Para el escabeche
70 g de ajos con piel
160 g de aceite de confitar el atún *(ver punto 2)*
3 g de pimentón dulce
45 g de vinagre de vino blanco
5 g de romero fresco
4 g de tomillo fresco
1 g de hondashi
c. s. de sal fina
220 g de caldo de atún *(ver punto 1)*

Acabado y presentación
1 g de pimienta negra en grano
1 hoja de laurel
1 diente de ajo
1 rama de tomillo

❶ Para el caldo de atún

Trocear las espinas y recortes de atún y dorarlos en una sartén con el aceite.
Añadir el vino blanco, reducir y regar con el agua.
Cocer durante 40 min, pasar por la estameña y reducir hasta obtener un caldo consistente y sabroso (tienen que salir 250 g de caldo ya reducido).
Salar al punto y ligar este caldo con xantana.
Reservar refrigerado.

❷ Para la ventresca de atún confitada

Ver página siguiente.

❸ Para el escabeche

Confitar a 70 ºC los ajos machacados con piel en el aceite.
Agregar el pimentón y cocinar a fuego suave sin que se queme.
Añadir el vinagre y dejar durante 5 min al fuego hasta que se evapore.
Fuera del fuego, añadir todas las hierbas, el hondashi, la sal y dejar infusionar tapado con papel film.
Una vez frío el escabeche, añadir el caldo de atún.
Dentro del escabeche, colocar la ventresca confitada.
Reservar refrigerado.
Sacar del frigorífico 1 h antes de servir y templar a temperatura ambiente.

Acabado y presentación

Emplatar 4 trozos de ventresca ligeramente escurridos sobre un papel.
Emulsionar el escabeche. Después, salsear la ventresca con 50 g de escabeche.
Decorar con un diente de ajo, 1/2 hoja de laurel y 1 rama de tomillo.
Terminar con dos vueltas de molinillo de pimienta negra.

EL CONFITADO DE LA VENTRESCA

El confitado es un método tradicional de la cocina española. Gracias a esta técnica, se obtienen texturas y puntos de cocción perfectos.

Separar bien las láminas de atún siguiendo las particiones de la telilla de piel y retirarla. Cortar la ventresca en trozos irregulares de unos 5 cm y 20 g. Salar generosamente.

1

Calentar el aceite a 90 °C.

2

Disponer la ventresca limpia en un recipiente y cubrir con el aceite recién calentado.

3

Confitar durante 10 min aproximadamente e ir dándole la vuelta, hasta que esté al punto. Ir sacando de uno en uno a medida que se va haciendo y reservarlos. Reservar el aceite.

4

CANELÓN DE AGUACATE Y BUEY DE MAR

X 4

1 Para el relleno de buey de mar
125 g de carne de buey de mar
40 g de coral de buey de mar
10 g de cebollino
45 g de crema agria
20 g de mayonesa
2 g de salsa Perrins
1 g de sal
c. s. de pimienta negra

2 Para el agua de eneldo
250 g de agua mineral
50 g de eneldo

3 Para el gel de eneldo
100 g de agua de eneldo
(ver punto 2)
1,2 g de agar
1,5 g de sal fina

4 Para las verduras escalibadas
420 g de cebolla
1 cabeza de ajo (90 g)
250 g de tomate pera
20 g de aceite de oliva 0,4°

5 Para la salsa romesco
35 g de ajo escalibado
(ver punto 4)
80 g de tomate pera escalibado
(ver punto 4)
180 g de cebolla escalibada
(ver punto 4)
25 g de pulpa de ñora
60 g de avellana tostada
225 g de aceite de oliva 0,4°
8 g de de sal fina
20 g de vinagre de jerez
c. s. de tabasco

6 Para el canelón de aguacate
4 aguacates
c. s. de relleno de buey de mar
(ver punto 1)
c. s. de salsa romesco
(ver punto 5)

Acabado y presentación
10 g de yogur griego
16 brotes de germinado de atsina
12 hojas de perifollo
c. s. de pimienta negra
c. s. de aceite de oliva virgen

❶ Para el relleno de buey de mar

Limpiar la carne del buey con cuidado de eliminar cualquier trozo de cáscara o esqueleto.
Picar el cebollino. Mezclar la carne del buey con el resto de los ingredientes y reservar hasta el momento de hacer los canelones.

❷ Para el agua de eneldo

Poner el agua a hervir en un cazo.
Quitar los tallos al eneldo, escaldar y enfriar en agua con hielo.
Triturar el eneldo bien escurrido con agua fría.
Pasar por una estameña y reservar.

❸ Para el gel de eneldo

Llevar a ebullición 50 g de agua de eneldo con el agar y la sal.
Añadir el resto del agua de eneldo, mezclar y reservar en el frigorífico.
Una vez que el gel esté frío, triturar con la batidora hasta obtener un puré bien fino.
Poner en un biberón y guardar en el frigorífico.

❹ Para las verduras escalibadas

Colocar la cebolla y los ajos sobre un trozo de papel de aluminio, rociar con el aceite de oliva y envolver.
Calentar el horno a 200 ºC. Asar en el horno las verduras: los tomates durante 20 min, los ajos 30 min y la cebolla 40 min.
Sacar del horno, dejar enfriar y pelar.
Reservar por separado.

❺ Para la salsa romesco

Juntar todos los ingredientes menos el aceite y triturar con la batidora o el robot de cocina.
Ir añadiendo poco a poco el aceite hasta que quede una pasta fina.
Poner en un biberón y guardar en el frigorífico.

❻ Para el canelón de aguacate

Ver página siguiente.

Acabado y presentación

Desenvolver el canelón y disponer en el plato.
Colocar 4 puntos de yogur griego por encima del canelón a lo largo, y en medio de cada punto disponer un punto de gel de eneldo.
Encima de cada punto de yogur disponer 1 brote de germinado de atsina, y en cada punto de eneldo 1 hoja de perifollo.
Terminar espolvoreando pimienta negra sobre el canelón y aliñar con aceite de oliva virgen.

Partir el aguacate en dos, de forma longitudinal, cortando el contorno y separar en dos piezas, cogiendo cada mitad con una mano y girando cada una en un sentido diferente.

1

Laminar el aguacate con la ayuda de un pelador formando láminas de 10 x 2 cm. Pintar con aceite de oliva un papel satinado.

2

EL MONTAJE DEL CANELÓN DE AGUACATE

El canelón de aguacate y buey de mar es uno de los platos más exitosos del Tickets. El montaje del canelón es quizás uno de los puntos más complicados, que se solventa si se siguen estas sencillas pautas.

Estirar las láminas sobre el papel, formando una lámina de 16 x 10 cm.

3

Rellenar cada canelón con 50 g de la mezcla de carne de buey.

4

Disponer 10 g de romesco encima de la carne de buey.

5

Envolver el canelón en el mismo papel y reservar en el frigorífico hasta el servicio.

6

MEJILLONES CON MARINERA ATOMATADA

X 4

❶ Para abrir los mejillones
800 g de mejillones
c. s. de agua mineral
c. s. de agua con hielo

❷ Para la base de salsa marinera
5 g de ajo
10 g de aceite de oliva 0,4°
20 g de vino blanco
80 g de tomate triturado
c. s. de pimentón dulce
2 hojas de laurel
c. s. de sal fina

❸ Para el sofrito
15 g de ajo
50 g de aceite de oliva 0,4°
400 g de cebolla
1 rama de tomillo
1 rama de romero
2 hojas de laurel
80 g de tomate fresco
20 g de tomate triturado
c. s. de sal fina

❹ Para la salsa marinera atomatada
150 g de salsa marinera *(ver punto 2)*
25 g de sofrito *(ver punto 3)*
50 g de agua de cocer los mejillones *(ver punto 1)*

❺ Para el agua de mejillón
120 g de agua de cocer los mejillones *(ver punto 1)*
0,2 g de xantana

Acabado y presentación
20 g de perejil picado

❶ Para abrir los mejillones

Limpiar los mejillones concienzudamente. Lavarlos varias veces en agua fría retirándoles las barbas.
Cocer los mejillones 10 seg en agua hirviendo, lo justo hasta que empiecen a abrirse.
Sumergirlos en agua con hielo.
Quitar una de las cáscaras de mejillón.
Con la ayuda de una puntilla cortar el músculo que une el mejillón a la cáscara y dejarlo en la misma cáscara.
Pasar el agua de mejillón por una estameña y reservar en el frigorífico.
Guardar en el frigorífico los mejillones ordenados en un recipiente con papel húmedo por encima.

❷ Para la base de salsa marinera

Sofreír el ajo con el aceite en una sartén sin que coja color.
Añadir el vino blanco y dejar evaporar la mitad.
Echar el tomate triturado, el pimentón y el laurel y dejar cocer durante 15 min.
Rectificar de sal y reservar.

❸ Para el sofrito

Pelar y cortar el ajo fino y rehogar en el aceite a fuego suave sin que coja color.
Añadir la cebolla picada fina, el tomillo, el romero y el laurel, y dejar durante 30 min a fuego muy suave hasta que la cebolla se empiece a dorar.
Pelar el tomate fresco, quitar el pedúnculo, cortar en dados de 1 cm y añadirlo al sofrito, dejándolo al fuego hasta que empiece a deshacerse.
Añadir el tomate triturado y cocinar durante 30 min.
Rectificar de sal y reservar.

❹ Para la salsa marinera atomatada

Mezclar todos los ingredientes y cocer durante 7 min.
Cuando haya reducido el agua de mejillón, colar todo.
Separar y picar las partes más gruesas del tomate.
Volver a juntar de nuevo todo y refrigerar.
Una vez frío dividir en raciones de 65 g en vasos de plástico.

❺ Para el agua de mejillón

En un recipiente juntar la mitad del agua de mejillón con la xantana y mezclar con la batidora.
Añadir el resto de agua de mejillón y volver a mezclar hasta obtener el espesor deseado.
Reservar en un biberón en el frigorífico.

Acabado y presentación

En un cazo, mezclar 65 g de salsa marinera y 30 g de agua de mejillón, calentar al fuego y dejar hervir durante 10 seg.

Añadir los mejillones, tapar y retirar del fuego.

Dejar reposar durante 2 min.

Calentar los platos, disponer los mejillones y salsear con la marinera.

Espolvorear con perejil picado y servir.

ALMEJAS CON SALSA DE JUGO DE PATO Y ANÍS ESTRELLADO

X 4

1 Para abrir las almejas
1 kg de agua mineral
15 g de sal fina
500 g de almejas de carril grandes

2 Para los chips de ajo
10 g de ajo
50 g de aceite de oliva 0,4°

3 Para el caldo de pato
(cantidad mínima para obtener un buen resultado)
500 g de pato limpio y eviscerado
50 g de aceite de oliva 0,4°
50 g de cebolla
60 g de vino blanco
500 g de agua mineral

4 Para el sofrito
15 g de ajo
50 g de aceite de oliva 0,4°
400 g de cebolla
1 rama de tomillo
1 rama de romero
2 hojas de laurel
80 g de tomate fresco
20 g de tomate triturado
c. s. de sal fina

5 Para el aceite de anís estrellado
30 g de anís estrellado
200 g de aceite de girasol

6 Para la xantana base
160 g de agua mineral
2 g de xantana

7 Para la salsa de pato
150 g de caldo de pato *(ver punto 3)*
100 g de aceite de anís estrellado *(ver punto 5)*
15 g de sofrito *(ver punto 4)*
15 g de salsa de soja coreana Jang
12 g de xantana base *(ver punto 6)*

Acabado y presentación
100 g de caldo de pato *(ver punto 3)*
c. s. de salsa de pato *(ver punto 7)*
50 g de sal gruesa
20 conchas de almejas
15 g de sésamo blanco tostado
c. s. de chips de ajo *(ver punto 2)*
20 brotes de germinado de atsina

❶ Para abrir las almejas

Poner a hervir el agua con la sal. Escaldar las almejas durante 5 seg y pasar por agua con hielo. Con la ayuda de un cuchillo, abrir la almeja, cortar el músculo que la une con la concha y guardar en un recipiente.
Reservar las conchas para la presentación posterior.
Recuperar los líquidos que suelten para cubrir la carne y que no se reseque. Reservar en el frigorífico.

❷ Para los chips de ajo

Pelar y cortar los dientes de ajo en láminas finas de 1 mm.
Sofreír en una sartén las láminas de ajo en el aceite hasta que empiecen a coger color.
Retirar del fuego, colar y poner a secar sobre papel absorbente.

❸ Para el caldo de pato

Cortar el pato en dados de 3 cm de grosor.
Poner en una cazuela la mitad del aceite a fuego suave y dorar el pato ligeramente por todos lados.
Retirar el pato y añadir el resto de aceite y la cebolla cortada a dados de 3 cm y dejar dorar.
Añadir el pato, subir el fuego, regar con el vino blanco y dejar reducir hasta que se evapore.
Cubrir con el agua y dejar cocer durante 25 min.
Pasar por la estameña y reservar en el frigorífico durante 12 h.
Retirar la grasa que queda en la superficie y reducir el caldo hasta conseguir un jugo sabroso.

❹ Para el sofrito

Pelar y cortar el ajo fino y rehogar en el aceite a fuego suave sin que coja color.
Añadir la cebolla picada fina, el tomillo, el romero, el laurel y dejar durante 30 min a fuego muy suave hasta que la cebolla se empiece a dorar.
Pelar el tomate fresco, quitar el pedúnculo, cortar en dados de 1 cm y añadirlo al sofrito, dejándolo al fuego hasta que empiece a deshacerse.
Añadir el tomate triturado y cocinar durante 30 min.
Rectificar de sal y reservar.

❺ Para el aceite de anís estrellado

Romper el anís estrellado en trozos. Echarlo en un cazo con el aceite de girasol a fuego mínimo durante 10 min.
Retirarlo del fuego y dejar infusionar 10 min más. Colar y reservar.

❻ Para la xantana base

Batir la mitad del agua con la xantana. Añadir el resto del agua y mezclarlo con una batidora hasta que la xantana esté completamente diluida.
Extraer el aire en la máquina de vacío (o *ver página 170*) y reservar.

❼ Para la salsa de pato

Mezclar todos los ingredientes en un cazo, poner al fuego para levantar el hervor y reservar.

Acabado y presentación

Calentar el caldo y la salsa de pato al fuego.
Poner un plato con la sal gruesa, colocar encima 5 conchas de almeja y calentar en la gratinadora.
Retirar el caldo de pato del fuego y poner las almejas dentro durante 10 seg.
Poner las almejas dentro de las conchas y salsear cada una con 8 g de la salsa de pato.
Calentarlas en la gratinadora, colocar sobre el plato y terminar con sésamo, los chips de ajo y un brote de atsina en cada almeja.

GAMBAS MACERADAS CON SALSA DE SOJA Y JENGIBRE

X 4

❶ Para el marinado de soja y jengibre
100 g de agua mineral
6 g de anís estrellado
12 g de jengibre
80 g de salsa de soja

❷ Para la base de soja
140 g de agua mineral
60 g de salsa de soja
12 g de jengibre
0,2 g de xantana

❸ Para pelar las gambas
400 g de gambas

❹ Para el jugo de alga codium
100 g de agua mineral
c. s. de sal
100 g de alga codium
c. s. de agua con hielo

❺ Para el adobo de perejil y codium
12 g de perejil
12 g de jugo de alga codium *(ver punto 4)*
40 g de aceite de oliva virgen extra
c. s. de sal fina

Acabado y presentación
1 naranja
c. s. de aceite de oliva virgen extra

❶ Para el marinado de soja y jengibre

Hervir el agua con el anís estrellado y dejar infusionar fuera del fuego durante 20 min. Retirar el anís y reservar.
Rallar el jengibre y añadirlo al agua junto con la soja.
Colar apretando sobre el jengibre para que suelte todo el jugo y volver a añadir el anís estrellado. Reservar refrigerado.

❷ Para la base de soja

Mezclar el agua y la salsa de soja y rallar el jengibre
Colar apretando sobre el jengibre para que suelte todo el jugo.
Mezclar con la batidora el líquido y la xantana. Reservar refrigerado 24 h en un biberón.

❸ Para pelar las gambas

Cortar los bigotes a las gambas.
Pelar las gambas quitando solo la parte central y dejando un anillo de cáscara en la parte más cercana a la cabeza y a la cola.
Reservar en el frigorífico.

❹ Para el jugo de alga codium

Poner el agua a hervir en un cazo con la sal (36 g de sal por litro de agua). Escaldar el alga durante 10 seg.
Refrescar en agua salada con hielo (15 g de sal por litro).
Triturar el codium en la misma cantidad de agua de refrescar.
Pasar el jugo obtenido por un colador grueso y reservar.

❺ Para el adobo de perejil y codium

Mezclar todos los ingredientes, triturar con una batidora y reservar.

Acabado y presentación

Poner las gambas a marinar en el marinado de soja y jengibre durante 8 min.
Sacarlas, colocarlas alineadas en una fuente y calentarlas en la gratinadora solo durante 30 seg para evitar una cocción excesiva.
Dar la vuelta a las gambas y poner un poco de base de soja por encima.
Dejar de nuevo 20 seg en la gratinadora y retirar. Deben quedar entibiadas pero un poco crudas.
Colocar sobre el plato bien ordenadas y añadirle la salsa de cocer las gambas por encima.
En la cabeza de cada gamba colocar un punto de adobo de perejil y codium y, por encima del cuerpo, rallar ligeramente piel de naranja.
Justo antes de servir, aliñar con un hilo de aceite de oliva.

GAMBAS A LA SAL DE TÉ NEGRO LAPSANG SOUCHONG

X 4

❶ Para las gambas
4 gambas rojas frescas
(unos 50 g/unidad)

❷ Para la infusión de té negro
80 g de agua mineral
4 g de té negro
Lapsang Souchon

❸ Para la salsa de té negro y salsa de soja
170 g de agua mineral
0,3 g de xantana
60 g de salsa de soja
40 g de infusión de té negro
(ver punto 2)

❹ Para la sal de té negro
4 g de té negro
Lapsang Souchong
500 g de sal gruesa
30 g de agua mineral

❶ Para las gambas
Escoger gambas bien cerradas en la unión de la cabeza con el cuerpo para que no se salgan los líquidos.
Lavarlas y cortarles los bigotes.
Reservar en el frigorífico entre dos papeles húmedos.

❷ Para la infusión de té negro
Calentar el agua a 95 ºC, y fuera del fuego, añadir el té negro.
Dejar infusionar tapado durante 5 min, colar y reservar.

❸ Para la salsa de té negro y salsa de soja
Mezclar con la batidora el agua y la xantana.
Añadir el resto de ingredientes, batirlos y quitar el aire en la máquina de vacío. Si no se dispone de máquina de vacío, *ver página 170*. Reservar a temperatura ambiente.

❹ Para la sal de té negro
Triturar con un molinillo el té negro hasta conseguir un polvo fino.
Mezclar el polvo de té negro con la sal gruesa y añadir el agua mineral.
Mezclar y reservar a temperatura ambiente.

Acabado y presentación
Precalentar el horno a 180 ºC.
Sobre una bandeja alta, poner una cama de la mezcla de sal gruesa y té negro, y sobre ella colocar las gambas, separadas entre sí.
Cubrir con el resto de sal gruesa sin que queden partes de gamba al descubierto.
Hornear durante 6 min y 30 seg.
Retirar la bandeja del horno.
Delante del comensal romper la capa de sal y retirarla.
Sacar las gambas de la bandeja y retirar el exceso de sal que pueda quedar.
Servir en un plato con la salsa de té negro y soja aparte.

SANFAINA DE BACALAO CON SU GALLETA GIGANTE

X 4

❶ Para la sanfaina
400 g de berenjena
400 g de cebolla
1 diente de ajo
120 g de tomate
20 g de aceite de oliva 0,4º
15 g de vino blanco
c. s. de sal

❷ Para el bacalao
250 g de cola de bacalao desalada

❸ Para el polvo de bacalao
300 g de cola de bacalao desalada

❹ Para la galleta de bacalao
1 oblea redonda de arroz
c. s. de clara de huevo
20 g de polvo de bacalao *(ver punto 3)*
c. s. de aceite de girasol

Acabado y presentación
c. s. de cebollino

❶ Para la sanfaina

Pelar y cortar la berenjena en trozos triangulares de 2 cm.
Pelar y cortar la cebolla en dados de 1 cm. Pelar y picar el ajo.
Pelar y picar el tomate.
Freír por separado la cebolla y la berenjena en la freidora a 125 ºC durante 10 min.
En una cazuela, sofreír el ajo con el aceite de oliva.
Añadir el tomate, rehogar 5 min y añadir la cebolla frita.
Seguidamente regar con el vino blanco y reducir. Añadir la berenjena frita.
Cocer 15 min a fuego lento, salar al punto y retirar del fuego.
Una vez frío, racionar 100 g de sanfaina por persona y guardar en el frigorífico.

❷ Para el bacalao

Probar el punto de sal del bacalao.
Quitar la piel, que se empleará para el polvo de bacalao.
Trocear el bacalao en rectángulos de 1,5 x 2 cm de lado aproximadamente.
Racionar 50 g de bacalao por persona y guardar en el frigorífico.

❸ Para el polvo de bacalao

Desescamar las colas de bacalao. Retirar la piel y extenderla sobre papel sulfurizado.
Triturar la carne de bacalao en la batidora hasta formar una pasta.
Con la ayuda de un rodillo de pastelería estirar la pasta de bacalao entre un papel sulfurizado y una lámina de papel film para obtener un grosor de 2 a 3 mm.
Retirar el papel film y dar un golpe de horno a 140 ºC para evitar una posible fermentación.
Secar la pasta de bacalao y las pieles en el horno a 90 ºC durante unas 6 u 8 h.
Una vez seco, triturar ambos en la batidora hasta obtener un polvo irregular. Reservar.

❹ Para la galleta de bacalao

Pintar la oblea de arroz con la clara de huevo, sin exceso.
Espolvorear el bacalao en polvo y dejar secar por espacio de 12 h.
Freír la galleta en el aceite a 180 ºC hasta que se infle.
Escurrir y secar el exceso de aceite sobre papel absorbente de cocina.

Acabado y presentación

Disponer 100 g de sanfaina en un cazo con un poco de agua.
Calentar hasta alcanzar unos 80 ºC.
Añadir el bacalao y retirar del fuego. Mezclar con cuidado de no romper el bacalao.
Disponer el bacalao en un cuenco, y terminar con un poco de cebollino picado por encima.
Servir la galleta gigante de bacalao aparte. Se sugiere que el comensal coloque la sanfaina encima de la galleta de bacalao para degustarla.

LAS TAPAS DE LA TIERRA

PAPILLOTE DE GUISANTES DEL MARESME A LA MENTA

X 4

❶ Para los guisantes escaldados
320 g de guisantes frescos
c. s. de agua mineral

❷ Para el jugo de guisantes
120 g de guisantes congelados
120 g de agua mineral
c. s. de sal fina

❸ Para los dados de panceta
60 g de panceta

❹ Para los dados de jamón ibérico
30 g de jamón ibérico (Joselito)

❺ Para el sofrito
15 g de ajo
50 g de aceite de oliva 0,4°
400 g de cebolla
1 rama de tomillo
1 rama de romero
2 hojas de laurel
80 g de tomate fresco
20 g de tomate triturado
c. s. de sal fina

❻ Para la papillote de guisantes a la menta
120 g de jugo de guisantes *(ver punto 2)*
20 g de agua mineral
320 g de guisantes escaldados *(ver punto 1)*
40 g de sofrito *(ver punto 5)*
28 g de dados de panceta *(ver punto 3)*
28 g de jamón ibérico *(ver punto 4)*
32 g de butifarra negra
c. s. de licor de anís seco
1/2 manojo de menta
c. s. de sal
c. s. de pimienta negra

❶ Para los guisantes escaldados
Poner agua a hervir y escaldar los guisantes de 50 seg a 1 min, enfriar rápidamente en agua helada.

❷ Para el jugo de guisantes
Hervir el agua, y cuando rompa el hervor, añadir los guisantes congelados y retirar enseguida del fuego.
Triturarlos en la batidora, pasar por un colador fino y rectificar de sal.
Guardar refrigerado.

❸ Para los dados de panceta
Cortar la panceta en la máquina cortadora con un grosor de 3 mm.
Quitar la corteza exterior y trocear la panceta en dados de 3 mm.

❹ Para los dados de jamón ibérico
Cortar el jamón en dados de 3 mm y reservar.

❺ Para el sofrito
Pelar y cortar el ajo fino y rehogar en el aceite a fuego suave sin que coja color.
Añadir la cebolla picada fina, el tomillo, el romero y el laurel, y dejar durante 30 min a fuego muy suave hasta que la cebolla se empiece a dorar.
Pelar el tomate fresco, quitar el pedúnculo, cortar en dados de 1 cm y añadirlo al sofrito, dejándolo al fuego hasta que empiece a deshacerse.
Añadir el tomate triturado y cocinar durante 30 min.
Rectificar de sal y reservar.

❻ Para la papillote de guisantes a la menta
Ver página 139.

Acabado y presentación
Servir la papillote encima de una bandeja muy caliente para evitar que pierda calor y la bolsa se desinfle.
Abrir la papillote delante del comensal con unas tijeras, retirando la menta, ya que solo interesa que desprenda su aroma.

Para seleccionar guisantes del mismo calibre solo se necesita una bandeja de plástico y un taladro.

1

Agujerear toda la base de la bandeja con la broca cónica de 5 mm.

2

GUISANTES DEL MISMO CALIBRE

Para la preparación de esta receta se emplean guisantes pequeños. En una misma vaina, sin embargo, aparecen guisantes de distinto calibre. Con este sencillo truco se pueden seleccionar los de la medida ideal y utilizar los otros para otros platos.

Colocar los guisantes, previamente desvainados, en la bandeja agujereada.

3

Sacudir la bandeja. Los guisantes que pasen por los agujeros serán los que se emplearán en esta receta.

4

Disponer 4 láminas transparentes aptas para cocción (Carta Fata) cortadas a 60 x 50 cm en un recipiente un poco cóncavo. 1

Disponer en cada papillote siguiendo el siguiente orden: 30 g de jugo de guisante, 5 g de agua mineral, 80 g de guisantes escaldados y 8 g de sofrito. 2

LA PREPARACIÓN DE LA PAPILLOTE

Con la papillote los alimentos se cuecen en su propio jugo y con la fuerza del vapor que desprenden.
En el caso de los guisantes de esta receta, los ingredientes así preparados conservan toda la intensidad de su sabor y color.
Con esta técnica se pueden preparar platos muy sabrosos en un espacio de tiempo relativamente corto.

Continuar con 7 g de dados de panceta, 7 g de dados de jamón, 6 g de butifarra y 3 gotas de licor de anís seco (usando una pipeta). 3

Finalmente incorporar 2 ramas de 5 cm de largo de menta fresca, sal y pimienta negra recién molida. 4

Llevar las puntas de las láminas hacia el interior, juntarlas y hacer un atadillo, apretando y cerrando muy bien con el cordón dorado que las acompaña. Reservar en el frigorífico. 5

En el momento de servir el plato, poner la papillote en una sartén a fuego medio y cocer durante 3 min, una vez el interior de la papillote haya arrancado el hervor. 6

WOK DE MAR Y MONTAÑA, SALTEADO DE ALUBIAS, SALCHICHAS DE SECRETO IBÉRICO Y SEPIETAS

X 4

1 Para las salchichas de secreto ibérico
320 g de salchichas de secreto ibérico

2 Para el jugo de costilla
1,5 kg de costilla de cerdo
8 g de ajo
50 g de cebolla
40 g de vino tinto
400 g de agua mineral
c. s. de sal

3 Para el caldo de jamón
100 g de recortes de jamón
500 g de agua mineral
500 g de hueso de jamón

4 Para la salsa de costilla y jamón
150 g de jugo de costilla *(ver punto 2)*
50 g de caldo de jamón *(ver punto 3)*
25 g de agua mineral
c. s. de xantana

5 Para limpiar las sepietas
200 g de sepietas frescas

6 Para el sofrito
15 g de ajo
50 g de aceite de oliva 0,4°
400 g de cebolla
1 rama de tomillo
1 rama de romero
2 hojas de laurel
80 g de tomate fresco
20 g de tomate triturado
c. s. de sal fina

Acabado y presentación
10 g de perejil picado
320 g de alubias de Santa Pau cocidas
60 g aceite de oliva 0,4°
c. s. de aceite de oliva virgen extra

❶ Para las salchichas de secreto ibérico
Cortar las salchichas en trozos de 7 g (7 por ración).

❷ Para el jugo de costilla
En una sartén, marcar por todos los lados la costilla de cerdo, cortada a trozos de 3 cm y previamente salada.
Añadir los dientes de ajo machacados y dorarlos.
Añadir la cebolla cortada en juliana y dorar. Desglasar con el vino tinto y reducir. Añadir el agua mineral y dejar cocer lentamente para sacar los jugos y que el agua se evapore poco a poco.

❸ Para el caldo de jamón
Trocear los recortes de jamón y juntar con el agua y los huesos.
Cocer a fuego lento durante 1 h y colar.
Pasar el consomé obtenido por un papel absorbente.

❹ Para la salsa de costilla y jamón
En un cazo mezclar el jugo de costilla, el caldo de jamón y el agua.
Ligar con xantana hasta lograr el espesor deseado con una batidora y reservar.

❺ Para limpiar las sepietas
Retirar la plumilla de las sepietas con cuidado de no romper el paquete intestinal. Con unas tijeras, cortar la boca y los ojos. Pasar por agua para quitar la arenilla que pueda tener y secar sobre papel absorbente.
Cortar hojas de papel de horno de 8 x 5 cm y colocar las sepietas en raciones de 50 g. Reservar en el frigorífico.

❻ Para el sofrito
Pelar y cortar el ajo fino y rehogar en el aceite a fuego suave sin que coja color.
Añadir la cebolla picada fina, el tomillo, el romero y el laurel, y dejar durante 30 min a fuego muy suave hasta que la cebolla se empiece a dorar.
Pelar el tomate fresco, quitar el pedúnculo, cortar en dados de 1 cm y añadirlo al sofrito, dejándolo al fuego hasta que empiece a deshacerse.
Añadir el tomate triturado y cocinar durante 30 min.
Rectificar de sal y reservar.

Acabado y presentación
Ver página siguiente.

LA COCCIÓN AL WOK

El wok, una sartén de origen chino, permite elaborar guisos al momento. Gracias a su forma ancha, el calor se reparte uniformemente lo que reduce el tiempo de cocción de los alimentos.
Sin duda, la utilización del wok es una de las características de la futura cocina del Tickets.

Seleccionar todos los ingredientes preparados anteriormente. 1

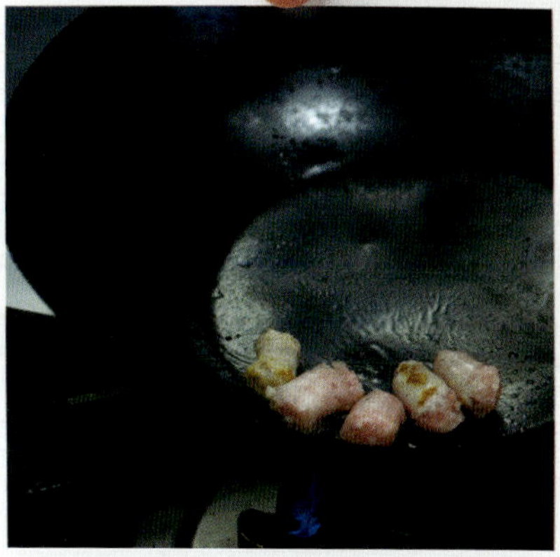

Poner el wok a fuego fuerte con 15 g de aceite, y cuando comience a humear, incorporar los 7 trozos de salchichas hasta que se doren. 2

Saltear las alubias con las salchichas y añadir 10 g de sofrito y 2 g de perejil. 3

Desglasar con 25 g de salsa de costilla de cerdo y jamón. 4

Salar las sepietas y asarlas en la sartén precalentada a fuego fuerte. Dejar que cojan color y retirar al punto de cocción. 5

Disponer el salteado en el plato y colocar las salchichas alrededor. Colocar las sepietas entre las salchichas y añadir el jugo que han soltado. Terminar con un chorro de aceite de oliva virgen extra. 6

ROSBIF CON PATATAS

X 4

❶ Para el rosbif
200 g de solomillo de ternera
200 g de sal fina
10 g de azúcar
0,8 g de enebro
0,8 g de cardamomo
1 g de pimienta roja
1 g de pimienta de Jamaica
0,8 g de anís estrellado

❷ Para el fondo de carne
100 g de vino tinto
4 g de azúcar
100 g de huesos de rodilla de ternera
100 g de blanqueta de ternera
10 g de aceite de oliva 0,4°
35 g de cebolla
15 g de zanahoria
15 g de puerro
10 g de tomate rojo maduro
250 g de agua mineral

❸ Para el aceite de beicon
30 g de beicon ahumado
50 g de aceite de girasol

❹ Para la mahonesa de mostaza
60 g de mahonesa
40 g de mostaza de Dijon

❺ Para la brunoise de patata
100 g de patata agria

❻ Para la salsa de carne
70 g de fondo de carne *(ver punto 2)*
30 g de salsa tonkatsu

Acabado y presentación
16 hojas de microrrúcula
16 alcaparras
c. s. de sal fina

❶ Para el rosbif
Limpiar el solomillo de sus telas y el cordón.
Mezclar la sal, el azúcar y las especias.
Meter el solomillo en una bolsa de vacío con la mezcla anterior de manera que quede bien cubierto, extraer el aire en la máquina (*o ver página 170*) y guardar refrigerado durante 8 h.
Pasado este tiempo, lavar, secar y cortar el solomillo en trozos de 10 cm, y marcar en una sartén por todos lados.
Ahumar el solomillo durante 15 min con un ahumador.
Guardar en papel film y congelar para que coja cuerpo durante 15 min.
Cuando esté semicongelado, cortarlo en la máquina cortafiambres con un grosor de 3,5 mm y guardar las raciones, envueltas en papel film individuales.

❷ Para el fondo de carne
Mezclar el vino tinto con el azúcar y poner al fuego hasta que reduzca a la mitad. Reservar para desglasar la sartén donde se marcará la blanqueta.
Poner los huesos de ternera en el horno a 180 ºC.
Trocear la blanqueta en trozos de unos 10 cm por 1,5 cm. Marcar en una sartén con un poco de aceite a fuego fuerte, hasta que queden doradas pero crudas por dentro.
Desglasar con el vino reducido anteriormente.
Cortar las verduras en trozos pequeños. Poner a dorar en el horno con un poco de aceite a 150 ºC.
Una vez empiecen a dorarse uniformemente, añadir el tomate troceado en octavos. Continuar la cocción hasta que el tomate haya perdido su agua y el resto tenga un color tostado.
Juntar todos los ingredientes en una olla. Cubrir con el agua fría y poner a cocer a fuego medio.
Una vez arranque a hervir, bajar el fuego para que hierva poco a poco durante 6 h. Espumar a menudo.
Colar y dejar enfriar para que solidifique la grasa. Extraerla.
Reducir luego el fondo de carne hasta 1/3.

❸ Para el aceite de beicon
Cortar el beicon ahumado en dados de 5 mm.
Poner el aceite y el beicon en un cazo a fuego suave y dejar dorar hasta que el beicon esté crujiente.
Retirar del fuego y dejar enfriar colándolo para eliminar el exceso de grasa. Reservar.

❹ Para la mahonesa de mostaza
Mezclar los dos ingredientes y reservar en una manga pastelera.

❺ Para la brunoise de patata
Pelar la patata.
Laminar en la máquina cortafiambres o con una mandolina con un grosor de 3,5 mm.

Cortar con el cuchillo en tiras de 2 mm de grosor y después en dados de 2 x 2 mm. Secar bien con papel de horno.
Introducirlas dentro de un colador y freírlas en un cazo, con colador incluido, con el aceite a 120 ºC, hasta que estén crujientes.
Escurrir sobre papel absorbente y salar.
Poner al horno sobre papel de horno a 100 ºC durante 8 min, hasta que pierdan totalmente la humedad.

6 Para la salsa de carne
Mezclar los dos ingredientes y reservar.

Acabado y presentación
Poner en cada plato 4 láminas de rosbif.
Salar si hiciera falta y pintar cada loncha con la salsa de carne.
Disponer un punto de mahonesa de mostaza en la parte superior izquierda de cada loncha.
Encima de la mahonesa colocar una alcaparra y una hoja de microrrúcula.
Encima de cada loncha de carne disponer dos puntos de aceite de beicon y los dados de patata en el centro.

CANAPÉ DE POLLO A L'AST

X 4

❶ Para el canapé de pollo
200 g de piel de pollo
c. s. de romero en polvo
c. s. de mix de especias de pollo

❷ Para el jugo de pollo
(cantidad mínima para obtener un buen resultado)
650 g de alitas de pollo
25 g de zanahoria
25 g de cebolla
12 g de puerro
12 g de apio
75 g de vino blanco
250 g de caldo de pollo
c. s. de aceite de oliva 0,4°
250 g de agua mineral

❸ Para el aceite de ajo
80 g de aceite de oliva 0,4°
4 dientes de ajo

❹ Para el escabeche de pollo
120 g de jugo de pollo *(ver punto 2)*
20 g de vinagre de jerez
20 g de aceite de ajo *(ver punto 3)*
0,4 g de xantana
c. s. de sal fina

❺ Para cocer la pechuga de pollo
160 g de pechuga de pollo
c. s. de sal
c. s. de pimienta negra
c. s. de aceite de oliva

Acabado y presentación
1 limón
c. s. de pimienta negra

❶ Para el canapé de pollo

Limpiar la piel de pollo del exceso de grasa.
Estirar la piel de pollo en una bandeja sobre papel de horno y dejar tapado en el congelador durante 12 h.
Descongelar y salpimentar la piel para potenciar el sabor.
Disponer la piel de pollo sobre una rejilla, tapar con papel de horno y poner encima otra rejilla para evitar que se doblegue.
Hornear a 180 °C durante 20 min. A continuación, bajar la temperatura a 160 °C y dejar cocer por espacio de 20 min.
Seguidamente, retirar la rejilla y el papel de horno y dejar 5 min más.
Bajar la temperatura a 120 °C y dejar 20 min, pero en los últimos 5 min, añadir romero en polvo y espolvorear las especias de pollo.
Una vez fuera del horno y crujiente, recortar la piel con unas tijeras, consiguiendo trozos ligeramente triangulares de 5 cm de lado.
Guardar en un recipiente en lugar fresco y seco.

❷ Para el jugo de pollo

En una olla, freír las alitas con aceite, y cuando estén bien doradas, retirarlas.
Añadir la cebolla y la zanahoria cortadas en juliana fina.
Cuando la cebolla y la zanahoria queden rustidas, añadir el apio y el puerro y dejarlo cocinar.
Incorporar las alitas de pollo y caramelizar.
Agregar el vino, dejar evaporar todo el alcohol, añadir el caldo de pollo y el agua, y cocinar durante 35 min.
Colar por una estameña y dejar enfriar en un recipiente alto para poder decantar bien la grasa.
Poner el jugo de pollo al fuego y dejar reducir 1/3.

❸ Para el aceite de ajo

Machacar el ajo y ponerlo con el aceite a fuego suave durante 10 min.
Cuando el ajo esté blando, retirar el aceite del fuego y reservar.

❹ Para el escabeche de pollo

Diluir la xantana con el jugo de pollo con una batidora.
Salar al punto y añadir el vinagre.
Hervir durante 1 min para integrar bien los sabores.
Añadir el aceite de ajo y cocer 2 min más.

❺ Para cocer la pechuga de pollo

Salpimentar las pechugas de pollo y marcar en una sartén por ambos lados con un poco de aceite.
Hornear a 180 ºC con un termómetro con sonda para comprobar cuándo alcanza en el interior 54 ºC y sacarlo.
Reservar a temperatura ambiente.

Acabado y presentación

Escalopar la pechuga de pollo en láminas de 2 mm de grosor y disponer encima de cada piel de pollo 4 de estas láminas de manera ligeramente ondulada y cubriendo la base.
Calentar ligeramente en la gratinadora o en un horno y salsear con el escabeche de pollo bien caliente.
Espolvorear con 2 vueltas de molinillo de pimienta negra recién molida y piel de limón rallada.

PAISAJE NÓRDICO 41º

X 4

1 Para limpiar el solomillo
450 g de solomillo de vaca
(300 g de solomillo limpio)

2 Para marinar el solomillo
7 g de enebro
7 g de pimienta rosa
7 g de pimienta de jamaica
1,2 g de anís estrellado
1,2 g de cardamomo en grano
500 g de sal gruesa
250 g de azúcar blanquilla
300 g de solomillo limpio
(ver punto 1)

3 Para la mantequilla clarificada
100 g de mantequilla

4 Para el pan de malta
500 g de pan de malta de molde
20 g mantequilla clarificada *(ver punto 3)*
c. s. de sal fina

5 Para la chalota encurtida
50 g de chalota
50 g de vinagre de manzana
35 g de miel de romero
30 g de agua mineral
1 g de pimienta negra en grano
1 g de tomillo fresco

6 Para el encurtido de cebolla roja
30 g de cebolla roja
4 g de laurel seco
4 g de pimienta negra en grano
40 g de vinagre de manzana
40 g de azúcar
40 g de agua mineral

7 Para el queso ahumado
125 g de queso en crema
40 g de crema agria
c. s. de sal fina
c. s. pimienta negra en grano

8 Para la nieve de vinagre
20 g de maltodextrina (Malto)
30 g de vinagre en polvo

Acabado y presentación
10 g de salsa de soja
20 brotes de eneldo fresco
c. s. de pimienta negra en grano
c. s. de aceite de oliva

❶ Para limpiar el solomillo

Limpiar el solomillo de exceso de grasa y nervio, dejando la carne lo más limpia y entera posible.
Reservar para marinarlo.

❷ Para marinar el solomillo

Juntar todas las especias y tostarlas en una sartén al fuego.
Poner las especias tostadas en una batidora o robot de cocina y triturar durante 5 seg sin llegar a romperlas por completo.
Mezclar las especias tostadas con la sal y el azúcar.
Hacer una cama con parte de la mezcla anterior dentro de una bolsa de envasar al vacío, colocar el solomillo en el centro y tapar con el resto de la mezcla de sal y especias.
Extraer el aire de la bolsa en la máquina de vacío al 60% y reservar en el frigorífico durante 4 h y 30 min. Si no se dispone de máquina de vacío, *ver página 170*.
Sacar el solomillo y lavar debajo del agua para quitar el exceso de sal.
Secar sobre papel absorbente.
Envolver el solomillo con papel film, hacer un cilindro y poner en el congelador durante 12 h.
Sacar el solomillo del congelador y, tras dejar atemperar 1 h, cortar en dados de 4 mm. Se necesitan 80 g de carne por comensal. Hay que tener en cuenta que con el marinado la carne pierde el 5% de su peso. Reservar en un recipiente en el frigorífico.

❸ Para la mantequilla clarificada

Fundir la mantequilla y dejar reposar.
Ir separando continuamente el suero de la grasa, que irá subiendo a la superficie.
Desecharla con la ayuda de una cuchara y colar al final con una estameña.
Reservar la mantequilla clarificada.

❹ Para el pan de malta

Quitar las puntas del pan.
Cortarlo por la mitad, envolver en papel film y congelar.
Cortar los trozos de pan congelados a 4,5 cm de grosor con la máquina cortafiambres.
De esta manera se obtendrán rebanadas de 10 x 4,5 x 5 cm.
Pintar ligeramente con mantequilla los trozos de pan y añadir sal.
Disponer las láminas de pan entre dos láminas de silicona (Silpat) y hornear a 170 ºC durante 15 min hasta que estén totalmente crujientes. Dejar enfriar.
Guardar en un recipiente con bolsitas de gel de sílice para evitar la humedad.

❺ Para la chalota encurtida

Pelar las chalotas y cortarlas por la mitad a lo largo.
Mezclar el resto de ingredientes y poner en una sartén a fuego suave hasta que empiecen a hervir.
Añadir las chalotas y mantener al fuego durante 3 min.
Retirar del fuego y dejar reposar 12 h en el frigorífico.

❻ Para el encurtido de cebolla roja

Pelar la cebolla y elegir las capas más gruesas. Cortar las capas por la mitad transversalmente.
Después, cortar en vertical tiras de 3 mm.
Mezclar el laurel, la pimienta, el vinagre de manzana, el azúcar y el agua.
Poner la mezcla anterior en un cazo a fuego medio y dejar infusionar durante unos minutos.
Añadir la cebolla y dejar reposar 12 h en el frigorífico.

7 Para el queso ahumado

Mezclar el queso con la crema agria y triturar con la batidora hasta obtener una mezcla homogénea.
Ahumar el queso con el ahumador durante 15 min.
Salpimentar y poner el queso en una manga pastelera de plástico.
Reservar en el frigorífico.
En el momento de utilizar, cortar la punta a 3 mm de grosor.

8 Para la nieve de vinagre

Mezclar la maltodextrina y el vinagre.
Guardar en un espolvoreador.

Acabado y presentación

Colocar 3 puntos de queso ahumado sobre cada tostada de pan de malta.
Aliñar 20 g de carne con el aceite de oliva, salsa de soja y pimienta negra, y colocar sobre la tostada de pan sin tapar el queso.
Poner 1 rodaja de chalota en el centro de la tostada y 2 tiras de cebolla en los extremos.
Poner 4 brotes de eneldo con volumen encima del queso y de la carne.
Finalmente espolvorear con la nieve de vinagre y servir.

HUEVO FRITO DE GALLINA CON GRASA DE PATO TRUFADA Y CREMA DE PATATA

X 4

1 Para las patatas hervidas
350 g de patata red pontiac
c. s. de agua mineral
1 hoja de laurel
5 granos de pimienta negra

2 Para la crema de patata
280 g de patatas hervidas *(ver punto 1)*
60 g de agua de cocción de las patatas *(ver punto 1)*
120 g de nata 35% m. g.
30 g de aceite de oliva 0,4°
c. s. de sal fina

3 Para la grasa de pato con trufa negra
10 g de trufa negra
50 g de grasa de pato

4 Para los huevos fritos
8 huevos
60 g de aceite de oliva 0,4°

5 Para la mezcla de huevo y trufa
8 huevos fritos (80 g de yema de huevo frito y 40 g de clara)
25 g de yema pasteurizada
20 g de grasa de pato con trufa negra *(ver punto 3)*
c. s. de sal fina
c. s. de pimienta negra molida

6 Para rellenar los huevos
4 cáscaras de huevos para rellenar
40 g de mezcla de huevo y trufa *(ver punto 5)*

7 Para el puré de trufa negra
15 g de trufa negra
20 g de aceite de oliva 0,4°

Acabado y presentación
200 g de sal gruesa

1 Para las patatas hervidas
Pelar las patatas y trocearlas.
Echar agua en un cazo y, partiendo del agua fría, cocerlas con la pimienta y el laurel durante 20 min. Reservar tanto las patatas como el agua.

2 Para la crema de patata
Poner la patata cocida en una batidora con el agua de cocción, la nata y el aceite, y triturar a velocidad media.
Rectificar de sal y pasar por el colador.
Poner la crema de patata en un sifón de 1/2 litro y cerrar añadiendo 3 cargas de gas.

3 Para la grasa de pato con trufa negra
Cepillar la trufa con la ayuda de un poco de agua hasta eliminar toda la tierra adherida.
Entibiar la grasa de pato hasta que esté líquida.
Añadir la trufa y triturar con la ayuda de una batidora hasta obtener un puré de trufa.
Envasarlo en una bolsa para cocción al vacío. Cocer al baño maría en un Roner a 63 °C durante 2 h. Retirar y dejar reposar. Si no se dispone de Roner, *ver página 170*.

4 Para los huevos fritos
Poner el aceite a calentar en una sartén, y cuando empiece a humear, freír los huevos.
Reservar.

5 Para la mezcla de huevo y trufa
Recortar la clara y romper la yema del huevo con un cuchillo y ponerla en un bol.
Cortar la clara con ayuda de un cuchillo en dados pequeños y mezclar con la yema.
Añadir el resto de ingredientes y mezclar de nuevo.

6 Para rellenar los huevos
Rellenar los huevos con 10 g de la mezcla de huevo y trufa.
Envolver en papel film cada huevo por separado y guardar en el frigorífico.

7 Para el puré de trufa negra
Cortar la trufa a trozos de 3 cm y mezclar con el aceite.
Triturar con la batidora.
Reservar refrigerado y sacar justo antes de servir.

Acabado y presentación
Sacar los huevos del frigorífico y ponerlos en el horno precalentado a 80 °C (mejor si es un horno de vapor) durante 2 min sobre una huevera cubierta de papel de aluminio.
Una vez caliente, rellenar la cáscara con la espuma de crema de patata hasta el borde.
En el centro del huevo poner 0,5 g de puré de trufa negra y servir.

MOLLETE DE PAPADA

X 4

1 Para la masa de brioche
250 g de harina espuma
75 g de mantequilla
80 g de leche entera
10 g de levadura fresca prensada
20 g de azúcar
90 g de huevo entero
5 g de sal

2 Para los brioches
c. s. de masa de brioche *(ver punto 1)*

3 Para la papada confitada
2 g de pimentón dulce
2 g de pimentón picante
1 g de ras el hanout
1,5 g de sal
300 g de papada fresca de cerdo
c. s. de aceite de oliva

4 Para el relleno del mollete
150 g de papada confitada *(ver punto 3)*
150 g de chicharrones (El Mantecas)

5 Para la mezcla de salsa de soja y agua
50 g de salsa de soja coreana Jang
150 g de agua mineral

6 Para el relleno del mollete
125 g de mozzarella

Acabado y presentación
50 g de mostaza de dijon

1 Para la masa de brioche
Poner la harina en la amasadora con la pala.
Pomar la mantequilla a temperatura ambiente.
Calentar la leche a 37 ºC y añadir la levadura y el azúcar.
Encender la amasadora a velocidad mínima y añadir la mezcla de leche a la harina poco a poco. A continuación, incorporar la mantequilla poco a poco y, por último, el huevo batido, también lentamente.
Subir la velocidad de la máquina. Cuando la masa esté homogénea, añadir la sal. Trabajar 5 min más y sacar de la máquina. Guardar la masa envuelta en papel film y tapada 24 h en el frigorífico.

2 Para los brioches
Cortar porciones de masa de unos 150 g y enrollar con las manos haciendo churros de unos 2 cm de grosor. Con un cuchillo, cortar porciones de masa de 17 g.
Hacer bolas con la masa y disponerlas sobre una bandeja cubierta con papel de horno.
Dejar fermentar la masa de los brioches durante 50 o 60 min.
Cocer los brioches en el horno a 94 ºC (si se dispone de horno de vapor, ponerlo al 100% de humedad y con la ventilación a media potencia) durante 15 min.
Enfriar los brioches a temperatura ambiente y guardar en un recipiente en el frigorífico.

3 Para la papada confitada
Mezclar todas las especias y la sal.
Embadurnar la papada con la mezcla de especias y envasarla en una bolsa de vacío con un chorro de aceite.
Cocer durante 12 h al horno (mejor si es de vapor) a 75 ºC. Si no se dispone de máquina de vacío, *ver página 170*.
Sacar del horno, sumergir en agua y hielo, y guardar refrigerado.

4 Para el relleno del mollete
Laminar la papada y el chicharrón en la máquina cortafiambres, haciendo láminas de 15 mm y 5 g.
Montar grupos de 2 láminas de papada y 1 de chicharrón en medio. Guardarlos envueltos en papel de horno y refrigerar.

5 Para la mezcla de salsa de soja y agua
Mezclar la salsa de soja con el agua, introducir en un biberón y reservar en el frigorífico.

6 Para el relleno del mollete
Abrir las mozzarellas y conservar el suero de una de ellas.
Triturar la mozzarella en la batidora con 20 g de su agua hasta que resulte una crema espesa y fina.
Guardar en un recipiente en el frigorífico.

Acabado y presentación

Abrir los brioches por la mitad horizontalmente. En una sartén impregnada con una cucharada de la mezcla de salsa de soja, añadir el relleno del mollete y cocinar levemente hasta que estén calientes. Napar la base del brioche con la crema de mozzarella y disponer encima las 2 papadas calientes. Encima de la papada aplicar un punto de 1,5 g de mostaza de Dijon. Cerrar el brioche y cocer en la sandwichera durante 20 seg, para que el brioche se tueste exteriormente y quede caliente. Servir encima de una bandeja con papel satinado.

PAYOYO, TRADICIÓN Y EVOLUCIÓN

X 4

❶ Para la mermelada de limón
100 g de limón
50 g de azúcar
10 g de glucosa

❷ Para preparar el pan
¼ de barra de pan fina de 4 cm de diámetro

❸ Para la base de Payoyo
2 g de gluconolactato cálcico (Gluco)
70 g de agua mineral
90 g de nata 35% m. g.
110 g de queso Payoyo de oveja
c. s. de pimienta negra

❹ Para la base de alginato
500 g de agua mineral
2,5 g de alginato (Algin)

❺ Para los esféricos de Payoyo
c. s. de base de Payoyo *(ver punto 3)*
c. s. de base de alginato *(ver punto 4)*
1 kg de agua mineral
15 g de sal

❻ Para las cuñas de Payoyo
100 g de queso Payoyo de oveja (1 cuña de 7 cm de largo x 5 cm de ancho)

❼ Para las tostadas de pan
¼ de barra de pan (se recomienda el tourchon tradicional de 9 cm de diámetro)

❶ Para la mermelada de limón
Pelar la mitad de los limones, dejando los gajos, y dejar la otra mitad con cáscara, retirando el pedúnculo superior e inferior. Cortarlos a dados.
Juntar en un cazo los dados de limón con el azúcar y la glucosa, y cocer a fuego muy lento hasta que el limón haya confitado.
Guardar en un recipiente en el frigorífico.

❷ Para preparar el pan
Cortar el pan a cuchillo ligeramente al bies en rebanadas de un grosor de 2 cm. Se necesitan unas 10 rebanadas similares.
Disponer en una bandeja de horno con papel sulfurizado y hornear a 120 °C durante 10 min y, posteriormente, 5 min a 160 °C.
Dejar enfriar a temperatura ambiente y guardar en un recipiente en un lugar fresco y seco.

❸ Para la base de Payoyo
Disolver el Gluco en la mitad del agua. Juntar el agua restante con la nata y calentar hasta el punto de ebullición. Quitar la corteza del queso y cortarlo en dados.
Poner el queso en el robot y añadir la mezcla de nata y la de agua con Gluco. Sazonar al punto de pimienta negra recién molida y triturar hasta conseguir una crema fina.
Pasar por un colador fino y enfriar en el frigorífico durante 2 h.

❹ Para la base de alginato
Mezclar en una batidora o robot el agua y el alginato hasta que esté totalmente disuelto y colar.
Dejar reposar en un recipiente durante 24 h en el frigorífico para que pierda el aire acumulado.
Conservar refrigerado.

❺ Para los esféricos de Payoyo
Disponer la base de alginato en un recipiente que permita obtener una altura de 8 cm.
Con la cuchara semiesférica metálica para dosis de 15 ml, hacer esféricos con la base de Payoyo y cocerlos durante 1 min en la mezcla de alginato.
Limpiar el esférico en agua y guardar en la mezcla de agua con sal. Reservar en el frigorífico.

❻ Para las cuñas de Payoyo
Cortar 4 cuñas de 10 g cada una y reservar en el frigorífico.

❼ Para las tostadas de pan
Congelar el pan durante 30 min.
Cortar en la máquina cortafiambres al número 3 (saldrán 40 rebanadas similares).
Disponerlas en una bandeja de horno con papel sulfurizado y hornearlas a 160 °C durante 10 min. Dejar enfriar a temperatura ambiente y guardar en un recipiente en un lugar fresco y seco.

Acabado y presentación

Con la ayuda de una cuchara de agujeros retirar del agua con sal el esférico de Payoyo, secar con papel el exceso de agua y disponer encima de la cuchara para esféricos.

Encima de cada esférico disponer un punto de mermelada de limón, y encima de esta, una lámina crujiente de pan.

Sobre otro plato colocar una cuña de queso y una tostada de pan. Servir todo junto.

BRIOCHE AL VAPOR PLANCHADO CON QUESO TRUFADO

X 4

❶ Para la masa de brioche
250 g de harina de espuma
75 g de mantequilla
10 g de levadura fresca prensada
20 g de azúcar
80 g de leche entera
90 g de huevo entero
5 g de sal

❷ Para los brioches
c. s. de masa de brioche
(ver punto 1)

❸ Para la mezcla de quesos
170 g de mozzarella de búfala
25 g de suero de mozzarella de búfala
70 g de provolone

❹ Para la pasta de trufa negra
10 g de trufa negra (fresca o congelada)
10 g de suero de mozzarella

❺ Para el queso trufado
135 g de mezcla de quesos
(ver punto 3)
18 g de pasta de trufa negra
(ver punto 4)

❻ Para el brioche trufado
4 brioches
(ver punto 2)
60 g de queso trufado
(ver punto 5)

❶ Para la masa de brioche
Poner la harina en la amasadora con la pala.
Pomar la mantequilla a temperatura ambiente.
Calentar la leche a 37 °C y añadir la levadura y el azúcar.
Encender la amasadora a velocidad mínima y añadir la mezcla de leche a la harina poco a poco.
A continuación, incorporar la mantequilla poco a poco y, por último, el huevo batido.
Subir la máquina al número 2.
Cuando se empiece a obtener una masa homogénea, añadir la sal. Trabajar 5 min más y sacar de la máquina.
Guardar la masa envuelta en papel film y tapada 24 h en el frigorífico.

❷ Para los brioches
Cortar porciones de masa de unos 150 g y enrollar con las manos haciendo churros de unos 2 cm de grosor.
Con un cuchillo, cortar porciones de masa de 17 g.
Hacer bolas con la masa y disponerlas sobre una bandeja cubierta con papel de horno.
Dejar fermentar los brioches durante 50 o 60 min.
Cocer los brioches en el horno a 94 °C (si dispone de un horno de vapor, al 100% de humedad y con la ventilación a media potencia) durante 15 min.
Enfriar los brioches a temperatura ambiente y guardar en un recipiente en el frigorífico.

❸ Para la mezcla de quesos
Mezclar en una batidora el queso provolone con el suero.
Agregar la mozzarella y triturar hasta obtener una crema homogénea.

❹ Para la pasta de trufa negra
Triturar con una batidora la trufa con el suero hasta obtener una pasta.

❺ Para el queso trufado
Juntar la mezcla de quesos con la pasta de trufa negra.
Reservar en una manga pastelera a temperatura ambiente.

❻ Para el brioche trufado
Sacar el brioche del frigorífico, hacer a 5 mm de la base una incisión de 1,5 cm y retirar todo el relleno (quedará en un peso de 15 g).
Cortar la punta de la manga de plástico dejando un orificio de 5 mm y rellenar el brioche por la incisión con 15 g de mezcla. Comprobar que el peso final del brioche relleno son 30 g.
Reservarlos refrigerados y tapados para evitar que pierdan humedad.

Acabado y presentación

Sacar los brioches del frigorífico 30 min antes de servir para que se temperen.

Planchar en una sandwichera con papel de horno a temperatura media hasta que tomen un color dorado por ambos lados. Servir.

TALO DE COCHINILLO CONFITADO, PIEL DE LIMA Y CHICHARRONES

X 4

1 Para la masa de talos
100 g de harina de maíz (Maseca)
20 g de harina de trigo
c. s. de sal fina
100 g de agua caliente

2 Para el majado
16 g de orégano fresco
20 g de tomillo fresco
300 g de ajo
4 g de laurel
12 g de comino en grano
c. s. de sal
c. s. de pimienta

3 Para el cochinillo confitado
500 g de cochinillo
1 kg de grasa de cerdo
10 g de sal fina
c. s. de pimienta negra
c. s. de majado
(ver punto 2)

4 Para la piel de cerdo crujiente
100 g de piel de cerdo
(ver punto 3)

5 Para desmigar el cochinillo
c. s. de cochinillo confitado
(ver punto 3)

Acabado y presentación
8 brotes de germinados de cilantro
1 lima

❶ Para la masa de talos
Ver página siguiente.

❷ Para el majado
Deshojar el orégano y el tomillo.
Majar en un mortero el ajo pelado, las hojas de laurel, el comino, el orégano y el tomillo junto con la sal y la pimienta. Reservar.

❸ Para el cochinillo confitado
Cortar el cochinillo en las siguientes partes: la cabeza, el costillar, la paletilla y la pierna trasera. Retirar la piel y reservar.
Salpimentar y cubrir con el majado cada parte del cochinillo.
Deshacer al fuego la grasa de cerdo.
Colocar en un recipiente el costillar y la cabeza del cochinillo, y en otro, la paletilla y la pierna.
Cubrir el cochinillo con grasa de cerdo y papel de horno con un peso encima para que no se seque.
Precalentar el horno a 90 ºC y cocinar durante 4 h la cabeza y el costillar, y durante 5 h, la paletilla y la pierna.
Sacar y dejar enfriar a temperatura ambiente.

❹ Para la piel de cerdo crujiente
Separar la piel de la carne del cochinillo.
Poner la piel en la plancha al mínimo hasta que coja color dorado para dar la vuelta.
Retirar la piel de la plancha y ponerla en el horno a secar durante 1 h a 110 ºC entre dos rejillas cubiertas con papel de horno.
Cuando esté crujiente, sacarla y dejar enfriar a temperatura ambiente.
Cortar en dados de 1 x 0,5 cm y reservar en un recipiente con una bolsita de gel de sílice.

❺ Para desmigar el cochinillo
Sacar el cochinillo de la grasa y dejarlo escurrir.
Separar la carne del resto de piel.
Hacer tiras de 2 x 1 cm y reservar en un recipiente refrigerado.

Acabado y presentación
Decantar la grasa de cerdo hasta que quede el majado que se utilizará para salsear el talo.
Mientras se cuecen los talos *(ver punto 6 de la página siguiente)* preparar el cochinillo, colocándolo sobre un colador sumergido en la grasa de confitar el cochinillo.
Por último, poner el cochinillo sobre el talo, salsear con el majado, y encima disponer 3 trozos de piel de cerdo crujiente, 2 brotes de germinado de cilantro y espolvorear con un poco de piel de lima rallada.

Mezclar la harina de maíz, la harina de trigo y la sal. Hidratar la mezcla con el agua. 1

Amasar ligeramente hasta obtener una masa homogénea que sea fácil de manejar con las manos. 2

CÓMO PREPARAR LOS TALOS

Son pocas las elaboraciones a base de maíz. Internacionalmente, son muy conocidos los tacos mexicanos. En España, sin embargo, también se encuentran buenas muestras de tortas de maíz, como los tortos, muy típicos de la cocina asturiana, y los talos, del País Vasco, que envuelve en esta receta al cochinillo confitado.

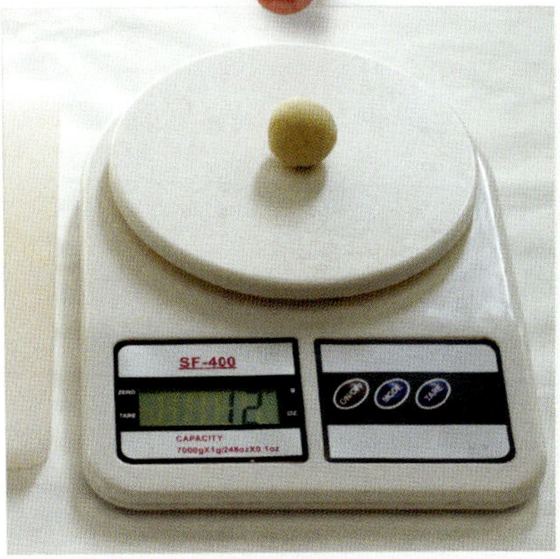

Pesar porciones de 12 g de masa y formar bolitas con la mano. 3

Poner las 4 bolas de maíz en una máquina de aplastar tortillas mexicanas. 4

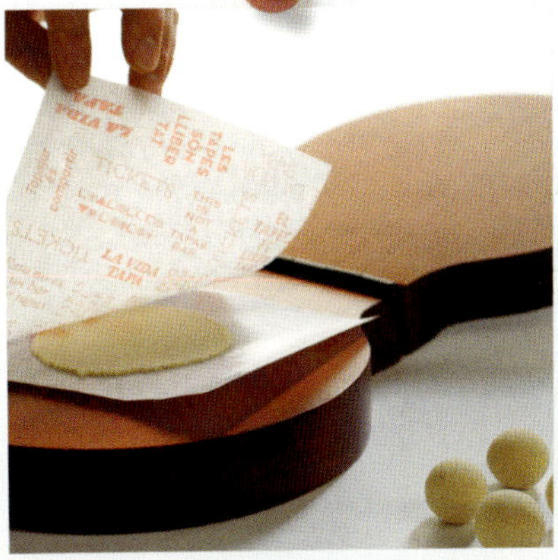

Poner en la prensa de tortillas entre dos papeles. 5

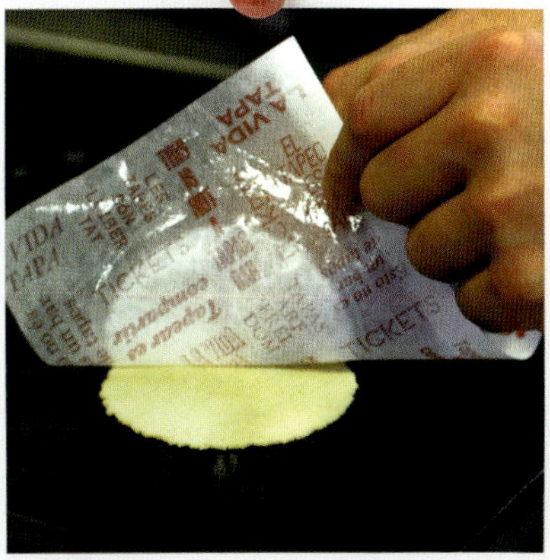

Dejar los talos lo más finos posibles y marcarlos rápidamente en una plancha a temperatura alta. 6

COSTILLAS DE CERDO CONFITADAS CON SALSA BARBACOA

X 4

❶ Para la salsa barbacoa
- 4 g de ajo
- 20 g de cebolla
- 5 g de aceite de oliva 0,4°
- 5 g de whisky
- 90 g de ketchup
- 30 g de azúcar mascabado
- 20 g de vinagre de manzana
- 10 g de salsa Perrins
- 10 g de salsa HP
- 5 g de humo líquido
- 2 g de mostaza de Dijon

❷ Para confitar la costillas de cerdo
- 800 g de costilla de cerdo
- c. s. de sal fina
- 1,2 kg de grasa de cerdo

Acabado y presentación
- 4 hojas de bambú (opcional)

❶ Para la salsa barbacoa

Picar el ajo y la cebolla finos y sofreír en una sartén con aceite hasta que la cebolla esté transparente.
Aumentar la temperatura a fuego fuerte, añadir el whisky y reducir hasta que esté seco.
Añadir el resto de los ingredientes y dejar hervir durante 5 min.
Triturar en la batidora o robot de cocina y colar.
Cocer otros 5 min para que la salsa adquiera un color más intenso y reservar.

❷ Para confitar la costillas de cerdo

Separar las costillas una a una.
Cortar en trozos de 10 cm de largo.
Sazonar una a una y colocarlas en un recipiente apto para el horno con la grasa de cerdo.
Confitar en el horno a 130 °C durante 2 h.
Comprobar que estén tiernas y dejar enfriar a temperatura ambiente.
Escurrir las costillas con un colador. Reservar.

Acabado y presentación

Con una brocha, pintar una a una las costillas con la salsa barbacoa y poner en el horno (mejor si es un horno de carbón) a una temperatura de 250 °C.
Dejar durante 2 min hasta que se caramelicen.
Dar la vuelta y volver a pintar con la salsa barbacoa y dejar 2 min más en el horno.
Se puede servir en un plato sobre una hoja de bambú.

BROCHETA *SOT-L'Y-LAISSE* DE POLLO DE CORRAL CON MINISHITAKE

X 4

❶ Para limpiar las *sot-l'y-laisse*
20 *sot-l'y-laisse* de pollo

❷ Para la marinada
5 g de especias para pollo a l'ast
60 g de vino blanco
30 g de aceite de oliva 0,4°
5 g de sal fina

❸ Para las *sot-l'y-laisse* marinadas
300 g de *sot-l'y-laisse* limpias *(ver punto 1)*
100 g de la marinada *(ver punto 2)*

❹ Para el majado de hierbas
4 g de menta fresca
6 g de orégano fresco
20 g de perejil fresco
c. s. de sal fina
20 g de zumo de limón
80 g de aceite de oliva 0,4°

❺ Para montar los pinchos
16 minishitakes
20 *sot-l'y-laisse* marinadas *(ver punto 3)*

❶ Para limpiar las *sot-l'y-laisse*
Con la ayuda de una puntilla quitar el exceso de grasa de las *sot-l'y-laisse* y el hueso que puedan tener.

❷ Para la marinada
Mezclar en un bol todos los ingredientes con unas varillas. Reservar.

❸ Para las *sot-l'y-laisse* marinadas
En un recipiente alto mezclar las *sot-l'y-laisse* limpias y la marinada de pollo.
Dejar marinar en frío por espacio de 15 min.

❹ Para el majado de hierbas
Picar la menta, el orégano y el perejil bien fino con un cuchillo.
Mezclar las hierbas en un recipiente con la sal, el zumo de limón y el aceite. Reservar.

❺ Para montar los pinchos
Cortar los pies de los minishitakes.
Enbrochetar intercalando 5 trozos de *sot-l'y-laisse* de pollo con 4 minishitakes (cada brocheta pesará unos 100 g).

Acabado y presentación
Pintar los pinchos con la marinada y salar los shitakes.
Marcar en la parrilla los pinchos sin que queden muy hechos.
Salsear ligeramente con el majado de hierbas y servir.

PATATAS CONFITADAS CON JUGO DE COSTILLA Y LACÓN

X 4

❶ Para confitar las patatas
520 g de patata monalisa
560 g de aceite de oliva 0,4°

❷ Para el jugo de costilla
1,5 kg de costilla de cerdo
8 g de ajo
50 g de cebolla
40 g de vino tinto
400 g de agua mineral
c. s. de sal

❸ Para el caldo de jamón
100 g de recortes de jamón
400 g de huesos de jamón
400 g de agua mineral

❹ Para la salsa de jugo de costilla y jamón
90 g de jugo de costilla *(ver punto 2)*
80 g de caldo de jamón *(ver punto 3)*
20 g de agua mineral
10 g de harina de maíz (Maizena)

❺ Para cortar el jamón ibérico cocido
500 g de jamón ibérico cocido

Acabado y presentación
5 g de pimentón dulce de la Vera
5 g de sal fina
5 g de aceite de oliva virgen

❶ Para confitar las patatas

Pelar las patatas.
Cortar las patatas en trozos irregulares de unos 3 cm.
Freír las patatas en 160 g de aceite en una freidora a 130 °C durante 6 min.
Escurrir y poner en un recipiente de acero inoxidable alto con el resto del aceite, confitando a 180°C en el horno, previamente calentado, durante 12 min.
Bajar la temperatura a 130 °C y seguir cociendo 12 min más.
Retirar las patatas del horno y guardar a temperatura ambiente.

❷ Para el jugo de costilla

En una sartén, marcar la costilla de cerdo troceada por todos los lados.
Añadir los dientes de ajo machacados y dorarlos.
Añadir la cebolla en juliana y dorar. Rectificar de sal.
Desglasar con el vino tinto y reducir. Añadir el agua mineral y dejar cocer lentamente para sacar los jugos y que el agua se evapore poco a poco.

❸ Para el caldo de jamón

Trocear los recortes y huesos de jamón y dejar cocinar en una cazuela con el agua.
Cocer a fuego lento durante 1 h y colar.
Pasar el caldo obtenido por un papel absorbente consiguiendo así un consomé de jamón.

❹ Para la salsa de jugo de costilla y jamón

Poner al fuego el jugo de costilla con el caldo de jamón.
Juntar la Maizena y el agua y diluir hasta que no queden grumos.
Echarla poco a poco sobre la mezcla de caldos hirviendo y cocer ligándolos hasta obtener la textura deseada. Reservar.

❺ Para cortar el jamón ibérico cocido

Quitar ligeramente la corteza exterior del jamón y dejarlo limpio. Cortar en cuartos y reservar.

Acabado y presentación

Calentar las patatas confitadas en el mismo aceite en el momento de montar el plato.
Cortar el jamón en la máquina cortafiambres en 6 láminas finas (60 g por persona).
Disponer las 6 patatas escurridas y calientes al punto de sal en el plato, napar cada una con la salsa y encima de cada patata repartir el jamón ibérico.
Aliñar el jamón y espolvorear con el pimentón.
Calentar en la gratinadora hasta que el jamón y su grasa se entibien.
Terminar con un chorro de aceite de oliva virgen y servir.

MANUAL DE USO DE ESTE LIBRO
O CÓMO COCINAR LAS TAPAS DEL TICKETS EN CASA

Las recetas del restaurante Tickets que aparecen en este libro son asequibles para cocineros y cocineras de cualquier condición, desde los aficionados hasta los profesionales de la restauración.

Si al hojear el libro, algún lector piensa que no podrá emular jamás la cocina del Tickets en casa, se equivoca. Entre las 55 recetas que aquí se incluyen, encontrará fórmulas de distinta dificultad. Empiece por las recetas más fáciles (★) y, cuando obtenga sus primeros éxitos, se atreverá sin duda con tapas más complicadas.

De todos modos, aquí sigue un decálogo de consejos y trucos para ayudarle a poner en práctica estos platos:

1. El uso de abreviaturas es limitado. Además de las distintas unidades de peso, volumen y tiempo, el lector encontrará c. s. (cantidad suficiente). Normalmente se refiere a la cantidad de sal o aceite necesaria para una elaboración, donde también interviene el gusto del cocinero. También aparece t. p. t. (tanto por tanto). Esta indicación suele utilizarse en preparaciones en las que se deben incluir dos ingredientes de los que hay que poner la misma cantidad, es decir, si hay que hacer un almíbar t. p. t. se empleará la misma cantidad de azúcar que de agua (para 100 g de azúcar, 100 g de agua).

2. Las máquinas de envasado al vacío son ampliamente utilizadas en las cocinas profesionales actuales. Además de usarse para aumentar la vida útil de los productos, ya sea crudos o semiprocesados, se emplea para acelerar procesos culinarios. En este sentido, si no dispone de máquina de vacío, basta con colocar los ingredientes en un recipiente hermético y se reservan los ingredientes en la nevera durante 24 horas (ver página 23, por ejemplo).

3. El envasado al vacío se usa también para cocinar a baja temperatura. Los alimentos se colocan en bolsas termorresistentes, se extrae el aire del interior, se cierran herméticamente y se procede a la cocción en el Roner (con este nombre se conoce al aparato, aunque sea una marca) a una temperatura que oscila entre 5 y 100 ºC. Con este tipo de cocción se conservan mejor las propiedades de los alimentos, se evita su desecación y mejora su vida útil. Si no dispone de Roner, una vez embolsado, lo puede cocer a baja temperatura al horno en un recipiente alto lleno de agua, controlando la temperatura con un termómetro de horno. Si tampoco tiene bolsas de vacío, utilice papel film. Por ejemplo, si quiere cocinar una pierna de cordero a baja temperatura, primero se dora en una sartén con aceite. Después se coloca en una bandeja de horno, se envuelve el recipiente con papel film y se cocina en el horno a 75 ºC durante 12 h. Si su horno no es de vapor, se recomienda poner un cazo con agua en la base para generar humedad.

   Por otro lado, para cocinar moluscos bivalvos, como mejillones (ver página 122) o navajas (ver páginas 93 y 96), en lugar de la cocción al vacío se puede sumergir el producto en agua salada hirviendo hasta que se abran.

4 En algunas elaboraciones, como el agua ahumada de lechuga de mar de la ostra con su perla (ver página 46), se emplea un ahumador de cocina o pipa de humo. Es un utensilio muy útil que se puede adquirir a partir de 50 € en establecimientos especializados en productos de cocina como Solé Graells (también disponible online: solegraells.com).

5 La máquina de pasta aparece en recetas como los miniairbags rellenos de queso manchego (ver página 34). Además de servir para esta preparación, es un utensilio al que sacará mucho provecho a la hora de hacer pasta fresca casera. Se puede adquirir en hipermercados y tiendas especializadas.

6 En algunas recetas (*ver los buñuelos de bacalao de la página 30*) se secan ingredientes, como el perejil, con una deshidratadora. Si no se dispone de este aparato se puede realizar la operación en un horno que caliente a una temperatura inferior a 60 °C. El tiempo de desecación será el mismo en ambos aparatos.

7 Alginato, sal de calcio, agar, xantana... son ingredientes básicos en la cocina del Tickets, y que empecé a utilizar en elBulli. Gracias a estos productos se pueden preparar nuestras técnicas más conocidas, como las gelatinas calientes, los aires, las esferificaciones... Para conocer en detalle estos productos, puede consultar albertyferranadria.com. Se pueden adquirir en tiendas especializadas como Solé Graells, donde también están disponibles online: www.solegraells.com

8 Otra de las características de la cocina del Tickets es el uso de ingredientes asiáticos, como el kombu, el hondashi o la salsa de soja coreana. Los encontrará en tiendas de alimentación oriental, como Extremo Oriente (calle Balmes, nº 6, Barcelona). Puede consultar su gama de productos en dongfang.es; una alternativa que ofrece un gran surtido online es: www.iberochina.com

9 Son muchas las personas que me preguntan dónde y cuándo comprar las mejores ostras. Fíese de su proveedor habitual. En cuanto a la temporada, las procedentes del Delta del Ebro y Galicia están en su mejor momento, como se dice tradicionalmente, en los meses que llevan la letra erre. En verano también suelo comprar ostras importadas de Francia e Irlanda.

10 Las marcas son simples recomendaciones mías, las que considero mejores para elaborar estos platos. No son ni mucho menos imprescindibles.

El autor

ÍNDICE DE RECETAS

Por orden alfabético y dificultad de elaboración

LOS TRUCOS DEL TICKETS

OTRAS ELABORACIONES QUE APARECEN EN EL LIBRO

EL EQUIPO DEL TICKETS

TICKETS

Los colaboradores del Tickets

Estrella Damm · Coca-Cola · Flores Valles cocinas profesionales · Moët & Chandon Champagne

Cooked in Barcelona · Luis Cañas · Joselito · Lavazza · Lustau · Roca · Saga Creacions Gràfiques, S.A.

Juvé y Camps · Pazo de Señorans · Torelló Cava · Riedel · Sighore · nanimarquina

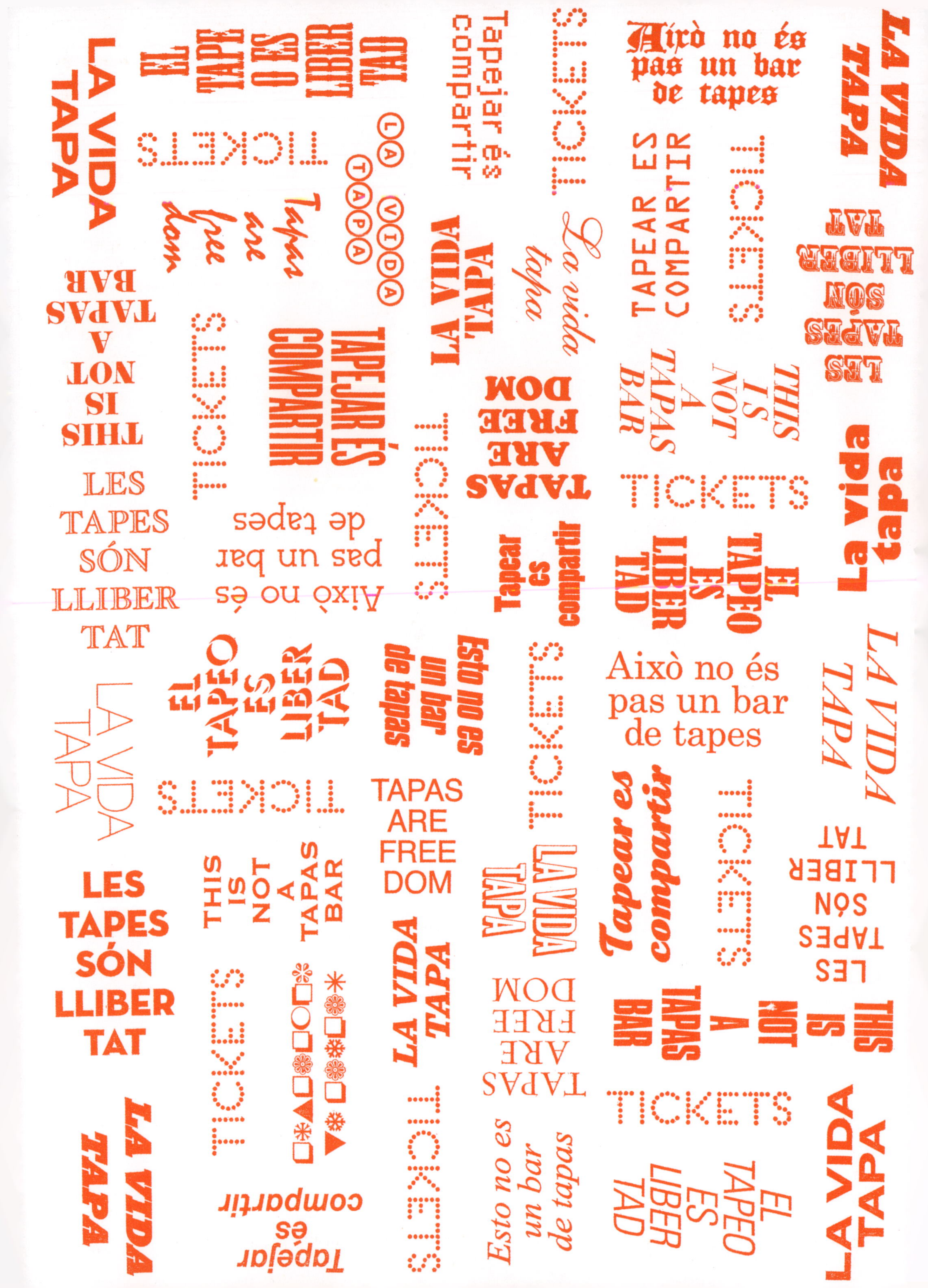
LA VIDA TAPA
EL TAPEO ES LIBER TAD
Això no és pas un bar de tapes
TICKETS
Tapejar és compartir
TAPEAR ES COMPARTIR
Tapas are free dom
La vida tapa
THIS IS NOT A TAPAS BAR
LES TAPES SÓN LLIBER TAT
TAPAS ARE FREE DOM
Tapear es compartir
Esto no es un bar de tapas